Ich verbessere
Jetzt und Heute
meine Beziehung

Anleitung, Erfolgsnachweise und Übungen
für eine harmonische Partnerschaft

Jeder Mensch hat seinen freien Willen, kann durch seine Gedanken Positives oder Negatives anziehen, so auch in der Partnerschaft.

Dieses Buch zeigt den Weg, Erfahrungen und Übungen des Autors und möchte Sie ermutigen, Ihr Schicksal selbst in die Hand zu nehmen, Ihre Partnerschaft zu verbessern und Ihr Bauchgefühl zu sensibilisieren, um in jedem Augenblick in Harmonie und Glück zu leben.

Dieses Buch kann auch Ihr Leben positiv verändern.

Handeln müssen Sie jedoch selbst und zwar Heute und Jetzt.
Morgen kommt nie, denn Morgen ist Morgen wieder erst Morgen.

Manfred Bogenschütz

Manfred Bogenschütz

Ich verbessere Jetzt und Heute meine Beziehung

Anleitung, Erfolgsnachweise und Übungen
für eine harmonische Partnerschaft

Bibliografische Information der Deutschen Nationalbibliothek
Die Deutsche Nationalbibliothek verzeichnet diese Publikation in der
Deutschen Nationalbibliografie;
detaillierte bibliografische Daten sind im Internet über
http://dnb.d-nb.de abrufbar.

© 2009 Manfred Bogenschütz

Satz und Layout: Manfred Bogenschütz
Fotos: Manfred Bogenschütz
Autorenfotos: www.rolandhuebler.de
Herstellung und Verlag:
Books on Demand GmbH, Norderstedt
ISBN: 978-3-8370-8785-7

Inhalt

Dieses Buch ist Teil der Buchserie von Autor Manfred Bogenschütz, **„Liebes Universum"** mit folgenden Titeln:

Wie finde ich meinen passenden Lebenspartner

Ich verbessere Jetzt und Heute meine Beziehung

Meine Arbeit soll Spaß machen

Erfülle mir meine Wünsche

Wie denke ich mich Gesund

Wie werde ich Reich

Der allgemeingültige Teil für ein glückliches Leben stammt aus dem Buch **Glücklich Leben im Paradies Erde** und wurde den jeweiligen Themen dieser Buchreihe angepasst. Deshalb sind die ersten 3 Kapitel in all diesen Büchern ähnlich, aber nicht exakt identisch.

1 Einleitung

Jeder hat es verdient, eine glückliche Partnerschaft zu genießen. Und jeder kann es auch. Es bedarf des uneingeschränkten Willens und Glaubens an die innere Göttlichkeit, die in jedem von uns inne wohnt.

Jesus von Nazareth ist einer meiner Lehrmeister. Alle seine Botschaften können auf einen Gott, der irgendwo im Universum lebt, aber auch auf die uns innewohnende Göttlichkeit bezogen werden. Es ist nicht nötig, dass Sie als Leser dieses Buches an Jesus oder sonstige Propheten glauben. Die innere Göttlichkeit kommt aus Ihrem Herzen und bedarf somit keinerlei äußerer Kräfte.

Ich habe viele unterschiedliche Ansichten, Interpretationen und wissenschaftliche Beweise aus Büchern gelesen, und habe selbst meine eigenen Erfahrungen erlebt, kleine wie für mich große Wunder.

Mein besonderer Dank gilt Jesus Christus, der mir als Lehrmeister mit seinen Worten geholfen hat, dass ich mein Leben im Paradies Erde von nun an und allzeit meines Lebens genieße und täglich neu erleben darf.

In diesem Buch werden immer wieder Bezüge auf Worte Jesus dargestellt. Diese Worte Jesus habe ich aus unterschiedlichen Quellen, hauptsächlich der Bibel und ähnlicher Schriften.

Dieses Buch ist für alle Menschen jeglicher Glaubensrichtung gedacht und soll niemanden von seinem Glauben oder gläubigen Einrichtung abbringen. Es soll jedem ein Ansporn sein, seinen Glauben mit seiner inneren Göttlichkeit zu vereinen.

Auch für Menschen ohne kirchliche Abhängigkeit steht der Weg zur inneren Göttlichkeit offen. Wie Jesus schon sagte:

> **„Vor Gott sind alle Menschen gleich"**

Mein Dank gilt auch allen anderen Menschen dieser Welt, gleichgültig der Rasse, des Glaubens, ob Sie mir je wehgetan oder mir stets Liebe geschenkt haben. Wem ich je wehgetan habe, den bitte ich hiermit um Verzeihung.

Nicht zuletzt möchte ich meiner Lebenspartnerin Melitta Wegmann für ihr Verständnis und ihre Hilfsbereitschaft zur Entstehung dieses Werkes danken. Auch wir haben uns durch das Universum gefunden.

Ich wünsche allen Menschen eine glückliche Partnerschaft.

Der Autor, Manfred Bogenschütz

„Wer mein erstes Buch „Glücklich Leben im Paradies Erde" gelesen hat, kann manche Kapitel im Schnelldurchlauf überfliegen. Die Kapitel wurden an das Thema Partnerschaft angepasst. Die allgemeinen Naturgesetze von Aktion=Reaktion sowie der Anziehung und Resonanz sind für meine Leser bereits bekannt. Es erschien mir jedoch wichtig, dass auch neue Leser die Vorgeschichte von mir und wie die Naturgesetze funktionieren, erfahren."

Manfred Bogenschütz

1.1   *Entstehung dieses Buches*

Warum schreibe ich hier ein Buch über die Verbesserung von Partnerschaften? Ich habe viele Jahre Sachbücher über Partnerschaft, Liebe, Sexualität, Feng Shui, Sportarten wie Thai Chi, Qi Gong, Pilates Training, Yoga, Spirituelles, Jesus Christus und Geheimnisse auf unserer Erde studiert. Dabei habe ich viel gelernt, besonders in Bezug auf Menschen und Partnerschaft, Gesundheit und Wohlbefinden.

Ich war 10 Jahre angestellter Ingenieur in der Entwicklung, als Qualitätsbeauftragter und Projektleiter tätig. Obwohl ich sehr gut verdient hatte, hat mich der Beruf nicht erfüllt. Ich suchte meine Berufung und meinen Sinn des Lebens.

Im Juli 2005 kam mein Durchbruch, meine totale Veränderung. Ich hatte einen Urlaub mit meiner damaligen Lebensgefährtin an die türkische Riviera gebucht. Kurz vor der Abreise trennten wir uns und somit trat ich die Reise letztendlich alleine an. Es war für mich die Reise ins Licht. Mein Bruder, der sich ebenfalls mit spirituellen Themen befasst, sich zum Heiler und Heilpraktiker ausbildete und sich auch mit den Themen Feng Shui, Jesus und Geheimnisse der Erde auseinandersetzt, empfahl mir vor meiner Abreise zwei Bücher, die ich mir dann von ihm ausgeliehen habe. Es mögen vielleicht gar nicht allein diese Bücher sein, die mich ins Licht führten, sondern die ganzen Umstände, dass ich diesen Urlaub ganz für mich allein genießen konnte. Ich war somit offener für die Materie, das Geistige. Also wenn ich Ihnen an dieser Stelle diese beiden Bücher empfehle, dann deshalb, weil ich sie super finde. Nicht aber mit der Garantie, dass sie auch Ihnen gleich zum Licht verhelfen werden. Es Bedarf der entsprechenden inneren Einstellung.

Ich war erst enttäuscht, dass ich die Reise allein antreten musste. Ich ging zum Flughafen Stuttgart, flog in die Türkei und ließ mich zum Hotel fahren. Die nächste Enttäuschung. Zwischen der Hotelanlage und dem Strand lag eine viel befahrene Straße, das Hotel hatte eine schlechtere Ausstattung, als ich gewohnt war und ich mir bei der Buchung vorgestellt hatte. Mein Zimmer lag an einer Nebenstraße, wo der Ausblick gegen eine Mauer gerichtet war. Enttäuschung pur. Für mich gab es nur eins, raus, ein Wechsel in ein anderes Hotel und dies habe ich dann auch sofort bei der Reiseleitung vor Ort angesprochen. Ich wurde mehrere Tage vertröstet, von einem zum anderen Tag. Was habe ich dann gemacht? Ja genau, ich habe gelesen und gelesen, was sollte ich sonst tun? Erst das Buch *Das LOL²A-Prinzip – Die Vollkommenheit der Welt* von René Egli. Die erste Hälfte des Buches war mir erst langweilig, weil ich mich wegen dem Ärger mit dem Hotel wohl schlecht konzentrieren konnte, aber dann wurde es für mich immer spannender und für mich auch nachvollziehbar, was sich in meinem Leben bisher so alles abgespielt hatte und wie ich mein Leben durch ein paar einfache Veränderungen an mir selbst drastisch verbessern konnte. In einfachen Worten ausgedrückt könnte man auf einer Seite die Kernaussage für dieses Buch definieren. Natürlich ist der Rest des Buches für die Hintergründe, die Beweise und Umsetzungen erforderlich. Die meisten Menschen, mich nicht ausgeschlossen, benötigen Beweise für übernatürliche Phänomene. An dieser Stelle nur kurz und bündig; LOL²A steht für

LO = Loslassen

L² = Liebe (L² = Liebe mal Liebe, Liebe ist das Wichtigste im Leben)

A = Aktion/Reaktion

Das zweite Buch, welches ich dann noch gelesen habe, ist *Hände weg von diesem Buch* von Jan Udo Holey alias Jan van Helsing, welches ich auch jedem gerne empfehle.

Ich möchte keinen Vergleich dieser Bücher anstellen. In beiden Bücher sind für mich die Fakten über die Geheimnisse, die hinter unserem Leben stehen, die Gesetzmäßigkeiten, wie wir selbst unser Leben durch Gedankenkraft lenken und wie wir mit einfachen Veränderungen unseres Denkens unser Leben positiver gestalten können so gut dargestellt, dass ich nun meine eigene Gestaltung meines ganzen Lebens nachvollziehen kann. Selbstverständlich habe ich aus vielen anderen Werken vorher und nachher dazugelernt, einige davon finden Sie im Literaturverzeichnis dieses Buches.

Was meine positive Veränderung ab Juli 2005 angeht, steht ausführlich in meinem ersten Buch „Glücklich Leben im Paradies Erde". Das Buch hat hunderte von Lesern beeindruckt und es gab rege Nachfrage nach mehr Details in Bezug auf die einzelnen Lebensbereiche. So entstand aus dem ersten Buch nun eine Serie von einzelnen, tiefer greifenden Büchern, die ich als Serie unter dem Oberbegriff „Liebes Universum" veröffentliche. Dieses Buch ist ein Teil der Serie und zeigt meine Erfahrungen in Bezug auf eine positive Veränderung von Partnerschaften.

Mehrere Ereignisse, für mich kleine Wunder, haben sich ereignet. Ich habe Gegenstände mit Gedankenkraft verschoben, Menschen sehr glücklich gemacht und eine Selbstheilung durchgeführt.

Auch das Hotel wurde für mich immer angenehmer. Das Essen war besser als in vielen anspruchsvolleren Hotels, welche ich sonst besuchte. Die Menschen waren glücklicher und zufriedener als ich es sonst gewohnt war.

Ich kann mich an einen jungen Mann erinnern. Er war wie ich allein in diesen Urlaub gefahren und war sehr einsam, wollte eine Partnerin, tat sich aber schwer im Umgang mit Frauen, weil er sehr schüchtern war. Ich habe mich an der Poolbar mehrere Abende mit ihm unterhalten und ihm von meinen Erkenntnissen in Bezug auf unsere Gedankenkraft und von meinen kleinen Wundern erzählt. Er hat mich sehr schnell in sein Herz eingeschlossen, freute sich, dass sich jemand für seine Probleme interessiert und ihm ein glücklicheres Leben auf dieser Erde wünscht und gönnt. Ich kann mich auch noch genau erinnern, wie ihm in unserem Gespräch die Tränen kamen. Gerne wüsste ich heute, wie es diesem jungen Mann nun geht, aber leider verloren wir uns aus den Augen, wie es so oft im Leben passiert. Man lernt Menschen weit ab von der gewohnten Umgebung kennen und sieht sich vielleicht erst viele Jahre später oder überhaupt nicht mehr wieder.

In der Zeit nach diesem Urlaub habe ich mich weiterhin immer wieder mit Büchern und Beiträgen beschäftigt, die in Richtung *Macht unserer Gedanken* gehen. Das Buch *Der kosmische Bestellservice* von Barbara Mohr hat mich gelehrt, wie man im Universum Bestellungen aufgibt. Positive wie auch negative Bestellungen, das hört sich jetzt vielleicht komisch an, aber es ist so. Jeder Gedanke im Unterbewusstsein, der von Herzen kommt, wird erfüllt und in der heutigen Zeit, wo wir von den Medien viel Negatives erfahren, sind unsere Gedanken von negativen Einflüssen mehr als im positiven Denken gelenkt. Diese Erkenntnis habe ich auch erst, seit ich mich mit der Materie befasse. Anfangs war es mir selbst sehr unangenehm, wie viele negative Gedanken in uns schlummern. Je mehr ich mich dem Positiven zugewandt habe, desto mehr verschwinden diese negativen Gedanken. Heute denke ich fast nur noch positiv. Wenn mir ein negativer Gedanke durchs Ohr flüstert suche ich positiven Ersatz. Zu meinem Glück kommt dies nur noch selten vor.

Aber warum lesen Sie dieses Buch? Vielleicht sind Sie nur neugierig, was dieser Manfred Bogenschütz schreibt und vermitteln will, weil Sie ihn bereits persönlich kennen. Vielleicht befassen Sie sich ja auch bereits mit spirituellen Themen. Suchen Sie vielleicht auch noch nach Beweisen für die .Macht unserer Gedanken? Haben Sie vielleicht auch schon Erfolge mit Ihrem positiven Denken erzielt? Haben Sie vielleicht schlechte Erfahrungen mit Ihrem Lebenspartnern gesammelt und gehört, dass man sich im Universum eine Verbesserung der Partnerschaft bestellen kann? Es ist völlig gleichgültig warum. Und wenn Sie sich neu auf diesem Gebiet befinden, kann ich Ihnen nur empfehlen, probieren Sie es aus. Probieren kostet nichts und es kann sein, dass Sie durch die Umsetzung dessen, was in diesem Buch steht, Ihre Partnerschaft verbessern und eine harmonischere Beziehung führen können.

Es gibt so viele Sprichworte und von namhaften Menschen ausgesprochene Sätze wie *„Dein Glaube versetzt Berge"*, *„Wie man in den Wald hineinruft so schallt es wieder zurück"*, *„Wer anderen eine Grube gräbt fällt selbst hinein"* usw.

All diese Sätze haben ihren wahren Ursprung und sind in uns selbst zu finden.

Es gibt auch Lieder über Bestellungen im Universum. Auch diese wurden sicher nicht ohne Grund geschrieben und gesungen.

Nachdem ich seit 2005 viele für mich kleine Wunder erlebt habe, meine negativen und positiven Lebenserfahrungen nachvollziehen kann und ich meine Partnerin Melitta über eine Bestellung im Universum kennen gelernt habe und unsere Beziehung sehr harmonisch verläuft, wollte ich diese Erfahrung auch anderen Menschen zugänglich machen.

Schade ist, dass noch viele Menschen an einen Zufall glauben, den es nicht gibt. Es fällt Dir zu, was Du selbst verursacht hast.

Wir sollten uns vielmehr auf die Suche nach unserem inneren Gott machen. Und dazu möchte ich mit diesem Buch beitragen.

Liebe und Dankbarkeit sind die Schlüsselwörter, die ich Ihnen gerne vermittle.

In diesem Buch geht es um die Verbesserung unserer Partnerschaft. Auch hierbei spielt Liebe und Dankbarkeit eine wichtige Rolle. Alles was bisher in unserem Leben geschah, hatte seinen Sinn. Wir können uns auch für unglückliche Tage bedanken, denn diese haben uns gelehrt, was wir uns heute nicht mehr wünschen. Ich kann Ihnen nur ans Herz legen, allem was bisher negativ verlief, zu verzeihen, es zu akzeptieren sowie Liebe und Dankbarkeit auch den negativen, vergangenen Dingen zu senden. Das hört sich vielleicht schwierig an, aber es ist der Schlüssel für eine glückliche Zukunft. Nur wenn Sie frei und voller Liebe sind, steht Ihrem Glück nichts mehr im Wege.

Wie Sie dann Ihre Beziehung in eine harmonische Liebesbeziehung verbessern können, schildere ich anhand meiner eigenen Erfahrungen und anhand von Erfahrungen, welche ich aus anderen Büchern und persönlichen Kontakten kenne.

Ich wünsche Ihnen viel Spaß beim Lesen und vor allem viel Glück und Erfolg auf der Reise in eine glückliche, harmonische Beziehung.

Ihr Manfred Bogenschütz

1.2   *Wie lese ich dieses Buch?*

Dieses Buch ist so geschrieben, dass Sie es immer wieder lesen und es auch als Arbeitsbuch verwenden können.

Die ersten Kapitel sind zum allgemeinen Verständnis zum Thema Glückliches Leben und Partnerschaft. Es soll Ihnen die Hintergründe, Fakten darlegen und Literaturhinweise zeigen, wo Sie ggf. weitere Informationen über die angesprochenen Themen erfahren.

In späteren Kapiteln lesen Sie Partnerwunscherfüllungen mit Erfolgsgeschichten, die ich bisher erlebt habe. Diese Kapitel können Sie immer wieder als Nachschlagewerk benutzen, um Ihre Erfahrungen mit meinen zu vergleichen.

Im weiteren Verlauf des Buches ist beschrieben wie Sie Ihre Wünsche bezüglich Partnerschaft bestellen können und was zu tun ist um eine glückliche Partnerschaft zu führen. *„Der Glaube versetzt Berge"* ist ein Sprichwort, welches ich nur bestätigen kann. Wenn Sie sich also sagen, das klappt bei mir sowieso nicht, dann hat es schon funktioniert, denn dann ist Ihr Wunsch bereits erfüllt, ohne dass Sie etwas tun müssen. Es wird dann nicht klappen. Oder vielleicht doch, denn das Unterbewusstsein kennt Verneinungen wie *„nicht"* und *„keine"* usw. nicht. Also egal, was Sie mit dem Wissen aus diesem Buch tun, Sie können an der Tatsache, an dem Naturgesetz, dass alle Ihre Gedanken unweigerlich umgesetzt werden, nichts verändern. Das Einzige, was Sie tun können, sind Ihre Gedanken zu verändern und zwar in Ihrem eigenen Interesse nur noch ins Gute, ins Positive, Tag für Tag.

Kurz zur Umgangssprache Ihm/Ihr bzw. Mann/Frau. Ich schreibe hier immer von Menschen ohne Berücksichtigung der Anrede. Der Mensch ist in unserem Wortgebrauch männlich und deshalb wird hier meist in der männlichen Form geschrieben. Sie werden sicher verstehen, wer als Partner oder Nachbar oder Sonstiges gemeint ist. Jedes mal beide Geschlechter aufzuführen würde den Fluss des Textes verschlechtern.

Ich habe in diesem Buch keine Listen oder Formulare zur individuellen Übung aufgeführt, da die meisten Leser diese ohnehin nicht benutzen würden. Es empfiehlt sich aber, sich schon während des Lesens Notizen zu machen, was man künftig an sich selbst ändern will, um ebenfalls ein glücklicheres Leben zu führen. Es müssen nicht einmal Notizen aus diesem Buch sein, oft fällt einem beim Lesen von Erfahrungsberichten anderer plötzlich ein eigenes

Ereignis ein, welches man einmal erlebt hat. Oder Sie haben plötzlich eine Idee, welche Sie später in die Tat umsetzen wollen. Wenn Sie diese nicht als Aufgabe notieren, verliert sie meist wieder an Bedeutung oder gerät in Vergessenheit. Deshalb meine Empfehlung, machen Sie sich Notizen, was Sie ab Heute verändern wollen.

Ebenfalls eine wichtige Sache, visualisieren Sie Ihre Wünsche und Ziele. Hängen Sie Bilder von den Dingen, welche Sie sich wünschen, sichtbar an die Wand oder wohin Sie wollen. Wichtig dabei ist, dass Sie diese Bilder immer wieder, möglichst täglich, sehen. Ihr Unterbewusstsein arbeitet automatisch auf die Erreichung dieser Ziele hin. Wenn Sie sich eine harmonische Partnerschaft wünschen, sollten Sie alles im Duett aufstellen, z.B. zwei Kerzen, romantische Bilder mit Ihrem Partner usw., keine drei Personen oder Mehr, außer es sind Familien- bzw. Gruppenbilder.

In diesem Buch tauchen immer wieder Wiederholungen auf. Dies mache ich bewusst bei den Passagen, welche besonders wichtig sind. Wiederholung dient der Vertiefung in unserer Wahrnehmung und unserem Gedächtnis.

Im Grunde würde es ausreichen, wenn ich hier ein Buch mit einer Seite schreiben würde. Die Kernaussage des Buches würde nämlich gut auf eine Seite passen. Eine solche Seite stellt die Zusammenfassung und Kernaussage hinten im Buch dar. Vielleicht kopieren Sie sich diese Seite und visualisieren sich diese an einem für Sie täglich sichtbaren Bereich.

Ich habe festgestellt, dass viele Menschen immer wieder darauf aufmerksam gemacht werden müssen, was sie alles mit ihren Gedanken verursachen. Auch deshalb sind Wiederholungen und meine Erfahrungen als Nachweise notwendig.

Ich wünsche Ihnen eine interessante Reise in ein glückliches Leben mit Ihrem Lebenspartner.

„Hängen Sie sich romantische Bilder aus Ihrer Partnerschaft an die Wand.“

Manfred Bogenschütz

1.3　　*Jesus Christus als Lehrmeister*

Zunächst möchte ich zu diesem Thema erst einmal den Aberglauben ausräumen, Jesus hätte irgendetwas mit Kirchen und kirchlichen Organisationen zu tun.

Die kirchlichen Organisationen tun sicher ihr Gutes und ich möchte niemand, der einer solchen Organisation angehört, davon abbringen. Ohne die kirchlichen Organisationen wäre vermutlich die Überlieferung der Botschaften von Jesus Christus, aber auch sonstigen Propheten wie Moses, Allah, Buddha usw. verloren gegangen.

Meine Vorstellung von Jesus Christus und seinen Botschaften sind dahingehend, dass ich mich mit den Worten, den Predigten und Darstellungen so identifiziere, dass sie jedem Menschen jeglichen Glaubens auch ohne kirchliche Zuordnung offen stehen.

Woher Jesus Christus kam, es ist die Rede, dass Mutter Maria ihn ohne Geschlechtsverkehr gebar, spielt keine Rolle. Woher Jesus Christus nach seinem Tode ging und wann dies wohl gewesen sei, ist ebenfalls unwichtig. Es steht im Neuen Testament, er sei gen Himmel aufgefahren, wo immer dies auch sein mag. Andere Illustrationen behaupten, dass er nach der Kreuzigung gepflegt wurde und in Indien eine zweite Frau geheiratet hätte, Kinder mit dieser Frau hatte und später mit über 80 Jahren verstorben sei. Es gibt noch viele weitere mögliche Variationen. Ich kenne die wahre Geschichte nicht und es spielt für mich auch keine Rolle.

Jedenfalls faszinieren mich die Worte Jesus Christus, weil in seinen Worten für mich ganz klar hervor geht, dass er von der inneren Göttlichkeit, die in uns allen vorhanden ist, gesprochen hat.

Für mich scheint es so, als ob die Worte Jesus von den meisten Menschen nicht richtig verstanden worden sind und werden. Und nach all dem, was ich aus anderen Publikationen erfahren habe, vermag ich zu behaupten, ich bin nicht der einzige, welcher so denkt. Vielleicht verstehe auch ich die ganzen Botschaften nicht richtig. Was ist richtig und was falsch? Jeder darf seinen freien Willen und seinen Glauben walten lassen.

Betrachten wir nur ein paar Sätze von Jesus Christus.

Hat Jesus Christus die Kranken geheilt? Jesus sagte angeblich nach den Heilungen stets *„Dein Glaube hat Dir geholfen"* oder *„Dein Glaube hat Dich geheilt"*. Wer hat die Kranken also geheilt?

Jesus hat angeblich auch gesagt *„Der Herr ist in Dir"*, *„Gott ist um uns, mit uns und in uns"* und *„Denn Dein ist die Kraft und die Herrlichkeit…"*. Wo ist also Gott? Im Himmel? Wo ist der Himmel? Gott ist in uns.

„Sehet die Lilien…", auch ein sehr schöner Satz aus der Bergpredigt, den ich immer wieder denken muss. Jesus Christus sprach so deutlich, dass die Menschen, welche suchend sind und noch nicht gefunden haben, wohl nichts verstanden haben.

Wir haben das Paradies auf dieser Erde. Unsere materielle Denkweise und dass wir meist nicht mit dem zufrieden sind, was wir gerade haben, verdunkelt unser Wahrnehmungsbewusstsein. Auf unserer Erde ist genug für alle da, ob Nahrung, Luft, Mineralstoffe oder was immer wir benötigen. Auch Geld gibt es genug und wenn nicht, dann drucken unsere Machthaber einfach Neues, also auch kein Problem.

Seit ich mich mit all diesen spirituellen Themen befasse, kann ich immer mehr die Worte Jesus Christus verstehen, nachvollziehen und davon profitieren. Deshalb nenne ich dieses Kapitel auch Jesus Christus als Lehrmeister. Ich habe sehr viel von ihm gelernt, auch wenn ich nur durch Übermittlungen und leider nicht über persönliche Lehre teilhaben darf.

Jesus Christus ist für mich und sicher für viele Menschen der wohl liebevollste, ehrlichste und vertrauensvollste Mensch, der je gelebt hat.

Ich möchte ihm an dieser Stelle meine größte Bewunderung und Hochachtung aussprechen und ihm für alles danken, was er auf der Erde bewegt hat, noch bewegt und in Zukunft bewegen wird.

Ich hoffe auch, dass die Menschheit aufwacht und das Paradies Erde als solches annimmt, pflegt und genießt.

„Jesus Christus ist unser Lehrmeister. Leider haben wir nicht verstanden, was er uns lehren wollte."

Manfred Bogenschütz

1.4   Die Macht der Gedanken

Es gibt viel Literatur auf diesem Gebiet und auch Jesus Christus hat mit seinen Worten *„Dein Wille geschehe"* ausgedrückt, dass unsere Gedanken Berge versetzen.

Alle unsere Gedanken sind Wünsche, die wir unbewusst ins Universum stellen. Wenn wir negative Gedanken haben, sind die Wünsche negativ. Wenn wir positive Gedanken haben, sind die Wünsche positiv. Wie wir es drehen und wenden, unser Wille geschieht. Der eine Wunsch erfüllt sich sofort, der andere etwas später. Wenn sich die Wünsche dann erfüllen, sagen wir zumeist, *„oh, so ein Zufall"*. Aber ich habe ja bereits erwähnt, dass es den Zufall nicht gibt. Es fällt uns zu, weil wir es uns gewünscht haben.

Nun, wie funktioniert die Wunscherfüllung? Warum haben wir die Macht der Gedanken? Es wird in der Literatur auf unterschiedlichste Weise gelehrt. Hier kann ich nur meine Version, die auf den unterschiedlichsten Darstellungen basieren, erklären. Es ist vergleichbar mit physikalischen Gesetzmäßigkeiten, die besagen, dass Energie nicht erzeugt, sondern nur umgewandelt werden kann. Ebenfalls aus der Physik kennen wir die Gesetzmäßigkeit Aktion = Reaktion, was wir alle bereits in der Schulausbildung gelernt haben. Dem Thema Aktion = Reaktion habe ich ein eigenes Kapitel gewidmet, da es einen sehr wichtigen Aspekt in unserem Leben ausmacht.

Unsere Gedanken haben ebenso die Gesetzmäßigkeit, dass sie alle in Erfüllung gehen. Voraussetzung dafür ist nur, dass sie von Herzen kommen, also nicht oberflächlich gedacht, sondern im Unterbewusstsein verankert sind. Diese Gedanken kommen aus Liebe, Hass, Freude, Leid, Gönnen, Neid, Gefühle, Ablehnung usw. Sie sehen, hier sind bereits die Gegensätze dargestellt, was zu negativen und positiven Wünschen führt. Das schöne an der ganzen Sache ist, dass wir niemand etwas Schlechtes oder Gutes antun können, sondern alles, was wir uns ausdenken, stets zu uns zurückkommt. Natürlich scheint es oft, dass wir durch unser handelndes Denken jemand anderem Schaden, Freude oder Gesundheit und Krankheit zugeführt haben, aber wissen wir über deren Gedanken Bescheid, was sie sich gewünscht haben? Jeder ist seines Schicksals Schmied. In meinen Darstellungen meiner Partnerwunscherfüllungen werden die Gesetzmäßigkeiten von Aktion = Reaktion oder Wunscherfüllungen besser greifbar, da Sie Beispiele dafür geliefert bekommen, die ich selbst erlebt habe.

Liebes Universum - Ich verbessere Jetzt und Heute meine Beziehung

Hier möchte ich Ihnen erst einmal verständlich erklären, dass alles, was Ihnen im Leben widerfährt, die Reaktion auf ihre früheren Gedanken und unbewussten Wünsche ist.

Somit ist auch klar, dass Gedanken gefährlich sein können. Wenn Sie immer wieder an Gewalt und Hass denken, dass Sie vielleicht ausgeraubt, überfallen oder geschlagen werden könnten, dann besteht eine große Gefahr, dass dies eintritt.

Wenn Sie an Liebe, Dankbarkeit, Friede, Gesundheit, Glück, Erfolg, Reichtum und Wohlstand denken, wird sich dies auch umsetzen. Warum? Ganz einfach, weil Sie es sich durch Ihre Gedanken im Universum bestellt haben.

Die Welt ist das, was Sie von ihr denken. Wenn Sie die Straße entlang laufen und für Sie die Menschen schlecht sind, dann werden Sie feststellen, dass die Menschen Sie nicht beachten, Sie vielleicht sogar provozieren oder demütigen. Starten Sie mit einem Versuch. Lächeln Sie, wünschen Sie allen Menschen, Tieren, Pflanzen, einfach allem Liebe und Dankbarkeit. Schauen Sie was dann passiert. Ein altes Managersprichwort lautet, LMAA (lächle mehr als andere).

Gott ist in uns und so erleben wir dies jeden Tag. Ich habe schon oft gehört, *„wenn es einen Gott gäbe, würde es mir doch nicht so schlecht gehen"*. Was trifft hier wieder ganz genau zu? Der Gedanke, *„es geht mir schlecht"*, wird umgesetzt als Wunsch und es geht diesen Menschen schlecht und es wird ihnen immer schlechter gehen. Genauso verhält es sich mit den vielen kranken Menschen. Die Medizin kennt das wohle jedem bekannte chronische Kranksein. Wohl wissen die meisten, was chronisch krank bedeutet, nämlich ohne erkennbare Symptome krank zu sein, aber den wenigsten ist diese Tatsache bewusst. Ich bin krank, mir tut alles weh und vieles mehr schwirrt in den Köpfen herum und dabei wäre es doch so einfach, sich selbst zu heilen. Gesundheit, Liebe und Dankbarkeit für unser Wohlbefinden sind hierfür die Schlüsselworte. Auch der Placeboeffekt ist die Reaktion unseres Körpers auf die Aktion unseres Geistes. Unerklärlich und selbst in der Schulmedizin immer mehr akzeptiert.

Wenn Sie sich immer nur über die bisherigen schlechten Liebeserfahrungen ärgern, bestellen Sie im Universum wieder genau solche schlechten neuen Erfahrungen. Das Universum nimmt Ihre Gedanken für bare Münze und erfüllt Ihre Gedanken als Wünsche. Das Gesetz der Resonanz zieht Menschen in Ihr Umfeld an, welche Ihnen ähnlich gesinnt sind.

Denken Sie positiv und ziehen Sie somit Positives in Ihrem Leben an. Ausprobieren lohnt sich und kostet nichts.

1.5 Aktion = Reaktion

„Wie man in den Wald hinein schreit, so hallt es auch wieder zurück.“ Ein bekanntes Sprichwort und nicht nur das, Aktion = Reaktion kennen wir alle aus der Physik als eines der physikalischen- bzw. Naturgesetze.

Was bedeutet dies nun für unseren Partnerwunsch? Im Grunde ganz einfach. Wenn ich Hass aussende, denkend oder handelnd, kommt Hass auf mich zurück. Sende ich Liebe aus, kommt Liebe auf mich zurück. Wir können dies auch Anziehung nennen. Wir ziehen das an, was wir aussenden bzw. ausstrahlen.

Ein kleines Beispiel soll dies verdeutlichen.

Ich hatte eine Kneipe. Diese war sehr gut besucht und der Umsatz konnte sich sehen lassen. Wenn ich meinen Gästen nur das brachte, was sie sich bestellt hatten, war der Umsatz ok. Wenn ich aber den Gästen hin und wieder ein Getränk gratis brachte, konnte sich der Umsatz zum Teil verdoppeln. Die Reaktion auf meine großzügige Geste wurde also dadurch belohnt, dass ich etwas verschenkt habe. So ist es auch mit Spenden, mit Liebe und allem, was Sie sich nur vorstellen können.

Jeder hat sicher schon selbst bemerkt, was passiert, wenn man jemanden Liebe schenkt. Besonders bemerkbar macht es sich natürlich, wenn man dies auf nicht alltägliche Art tut, z.B. ohne Grund einer Frau ein paar Blumen mitbringt oder wenn man dies nicht täglich macht, immer wieder sagt *„ich liebe Dich“* oder wie auch immer. Was passiert dann? Genau, man bekommt eine geballte Ladung Liebe zurück.

Nun, es ist natürlich nicht immer so, dass man direkt auf das Ausgesendete eine Antwort bekommt, aber Aktion = Reaktion ist ein Naturgesetz, welches immer funktioniert.

Was würde nun also passieren, wenn alle Menschen nur noch Liebe, Dankbarkeit, Freude, Friede, Gesundheit, Glück, Erfolg, Reichtum, Wohlstand, Überfluß usw. aussenden würden? Genau, wir leben im Paradies und haben es noch nicht bemerkt. Denn, zu jedem dieser positiven Begriffe gibt es ein Gegenstück und diese sind Hass, Neid, Leid, Krieg, Krankheit, Unglück, Misserfolg, Armut usw. Was sollten wir also ab sofort Tag für Tag aus unseren Gedanken dringend verschwinden lassen? Wir verbannen einfach all diese negativen, in all den Jahren seit unserer Kindheit suggerierten und eingetrichterten schlechten Gedanken.

Liebes Universum - Ich verbessere Jetzt und Heute meine Beziehung

Je mehr Sie sich mit diesem Thema befassen, desto mehr wird Ihnen klar vor Augen geführt, wie viele negativen Gedanken wir in unserem Gehirn bisher mit geschleppt haben. Aber ich kann Ihnen versichern, es lohnt sich, denn Sie werden diese negativen Gedanken mehr und mehr verlieren.

Auch nach Jahren positiven Denkens kommen mir noch zum Teil solche negativen Gedanken und ich verwandle sie umgehend ins Positive.

Zu Aktion = Reaktion bedarf es aber noch etwas ganz Besonderem, dem Loslassen, was im Buch *Das LOL²A-Prinzip – Die Vollkommenheit der Welt* von René Egli sehr gut beschrieben ist. Denn all unsere Gedanken sind Wünsche ans Universum und werden erst erfüllt, wenn wir davon loslassen. Oben habe ich Beispiele genannt, wo Aktion = Reaktion sofort erkennbar waren.

Die meisten unserer Gedanken sind allerdings so abstrakt, dass wir, weil sie tief aus unserem inneren, unserem Unterbewusstsein kommen, diese nicht als Wünsche wahrnehmen. Dies gilt insbesondere für die negativen Wünsche. Wer würde sich schon wünschen, dass er gehasst wird, dass ihm ein Unfall passiert oder dass er geschlagen wird? Verstehen können wir schon eher unsere positiven Wünsche. Aber genau da liegt der wichtige Aspekt des Loslassens. Von den negativen Gedanken können wir viel besser loslassen, weil wir diese nicht als Wünsche erkennen. Deshalb erfüllen sich die negativen Wünsche schneller und öfter und wir fallen immer tiefer. Unsere positiven Wünsche wollen wir mit aller Kraft und lassen davon nicht los. Somit erfüllen sich diese langsamer oder erst so spät, dass wir es dann kaum noch glauben können, nämlich dann, wenn wir davon losgelassen haben.

Es ist phänomenal, ja, einfach genial, wie wir Menschen geschaffen wurden. Wir können durch unseren freien Willen einfach alles haben, was wir wollen. Einfach nur denken und dann loslassen. Nun, es ist zwar so einfach, aber es gibt da einen Haken. Wo ist der Haken? Schauen Sie in den Spiegel und lächeln Sie dem Haken zu, er wird Ihnen ebenfalls ein Lächeln zurücksenden.

Für uns ist das Loslassen bei positiven Wünschen zu schwierig. Wie können wir nun besser loslassen? Indem wir zwar unsere Ziele als Wünsche aussenden, vielleicht bei einer täglichen Meditation, dann aber loslassen, indem wir mit all dem, was wir haben, voll und ganz zufrieden sind. Wir danken und lieben alles was wir haben und freuen uns über das schöne Wetter, die Wohnung, die Nahrungsmittel, die Tiere, die Pflanzen und alles, was wir bereits besitzen.

Ich kann Ihnen sagen, bevor ich mit solchen Themen gearbeitet habe, traf ich in jeder fremden Toilette auf verschmutzte Anlagen, wenn ich etwas im Freien zu erledigen hatte, regnete es und so könnte ich noch vieles aufzählen.

Kapitel 1: Einleitung

Heute danke ich jeden Tag für das schöne Wetter, auch wenn es regnet, denn dies ist lebensnotwendig für die Pflanzen. Auch den Pflanzen danke ich und erfreue mich der Farbenpracht, und an saubere Toiletten musste ich nur einmal denken und danach loslassen. Heute kann ich auf jede Toilette gehen und wenn von sechs Toiletten eine sauber ist, dann ist diese für mich frei.

Ich weiß, wenn Sie sich neu mit diesem Thema befassen, mag es sich für Sie verrückt anhören, aber es ist einfach so. Sie haben den freien Willen wie ich und jeder andere Mensch, und können es jederzeit ausprobieren.

Die Schlüsselwörter sind LOL²A, also Loslassen, Liebe, Aktion/Reaktion bzw. die Anziehung dessen, was wir durch unser Denken aussenden.

Oder wie Jesus Christus sagte: *„Es geschehe nach Deinem Willen", „Der Herr ist mit Dir",* usw.

Viele meiner Erfolge basieren auf Aktion = Reaktion.

Wir alle wurden positiv denkend geboren, jedoch wurde uns vom Elternhaus, von der Schule und unserem Umfeld mehr oder weniger aufgezwungen, das darfst Du nicht, das kannst Du nicht, das ist gut und jenes ist schlecht, usw. Von Kindern können wir vieles lernen. Kinder haben Mut, keine Angst, sie lachen, weinen nur wenn sie etwas haben wollen, was sie nicht bekommen oder etwas nicht tun dürfen, sie sagen die Wahrheit, lügen nur wenn man sie dazu verleitet, sie sind einfach genial. Aber wie lange? Bis sie Erwachsen sind?

Ich möchte Sie dazu motivieren, sind Sie wie die Kinder und lassen Sie Ihren positiven Wünschen freien Lauf. Vergessen Sie, was man Ihnen verweigert, hören Sie auf Ihr Herz und Ihr Bauchgefühl und machen Sie nicht, was andere von Ihnen erwarten. Oder besser gesagt, was Sie denken, was andere von Ihnen erwarten. Sie können es doch nicht jedem recht machen. Was für den einen gut und recht ist, ist für den anderen schlecht und unrecht. Auch hierüber gibt es genügend Beispiele in der Politik, in der Wirtschaft und im täglichen Leben. Ich möchte kein Politiker sein. Die einen würden mich wählen, weil meine Ideen für diese Leute gut sind, die anderen würden mich am liebsten mit Tomaten bewerfen. Oder Papst? Hunderttausende beten ihn an, und warum muss er dann im Panzerwagen sitzen?

Hass, Neid, Leid, Krieg, Krankheit, Unglück, Misserfolg, Armut, alles unnötige uns angelernte Parasiten. Was unser Elternhaus, unsere Schule und unser Umfeld versäumt haben, uns zu suggerieren, das erledigen die Medien, die Illuminati und wer immer Macht und Einfluss über uns gewinnen will und kann.

Aber nicht mehr mit Ihnen und nicht mehr mit mir.

Ab heute leben wir nur noch in Liebe, Dankbarkeit, Freude, Friede, Gesundheit, Glück, Erfolg, Reichtum, Wohlstand, Überfluss, und das Paradies auf unserer Erde ist uns sicher.

Leben und Leben lassen ist unsere Devise.

Was hat das ganze mit Ihrer Partnerschaft zu tun? Wie bei allen Gedanken spielen Ihre allgemeinen Gedanken bei der Partnerschaft mit eine Rolle. Wenn Sie ein glückliches partnerschaftliches Leben führen wollen gehört auch der Rest Ihres Lebens mit dazu. Wir können nicht über viele Dinge negativ denken und dann erwarten, dass das Universum diese negativen Wünsche bei der Partnerschaft unberücksichtigt lässt.

Unsere Gedanken müssen somit in allen Bereichen positiv eingestimmt sein.

Verbannen Sie Hass, Neid und alle sonstigen negativen Gedanken aus Ihrem Gedankenschatz und beginnen Sie ein ganz neues, glückliches Leben in Liebe und Dankbarkeit.

"Wenn ich mir Äpfel wünsche muß ich einen Apfelbaum pflanzen. Eine Rosenpflanze ergibt einen Rosenstrauch. Liebe erzeugt Liebe, usw. Was ich sähe ernte ich."

Manfred Bogenschütz

1.6   *Das Gesetz der Resonanz*

Alle Materie, ob Lebewesen, Metalle, Luft, Wasser oder sonstiges, schwingen mit einer bestimmten Frequenz.

Das Gesetz der Resonanz besagt, wenn zwei Dinge mit der gleichen Frequenz schwingen, sich diese gegenseitig aufschaukeln, verstärken.

Durch eine solche Resonanz stürzte z.B. 1940 die Tacoma Narrows Bridge im US-Bundesstaat Washington kurz nach ihrer Eröffnung ein. Resonanz zwischen der Windgeschwindigkeit und der Eigenschwingung des Materials der Brücke. Im Internet können Sie viele Beiträge, Bilder und Filme darüber einsehen.

In der Elektrotechnik werden solche Resonanzen bewußt erzeugt und zur Verstärkung herangezogen.

Für unser Thema, die Partnerschaft vergleiche ich diese Resonanz ebenfalls mit der Anziehung dessen was wir denkend aussenden. Wie beim Thema Aktion=Reaktion geraten durch die Resonanz unsere Gedanken mit den Gedanken anderer Menschen gleicher Frequenz in Resonanz. Das bedeutet, wenn wir die gleichen Gedanken haben wie andere Menschen, dann treten die Resultate als Ursache unserer Gedanken verstärkt auf. Wir ziehen somit die Dinge magisch an, welche wir erreichen wollen, bewußt oder unbewußt. Materielle Dinge wie auch gleich denkende Menschen.

Heute bin ich auch davon überzeugt, dass Naturkatastrophen deshalb immer schlimmer werden, weil immer mehr Menschen das Schlimmste denken und weil sie durch die Medieneinflüsse und bisherigen Ereignisse immer negativer denken.

Für die Partnerschaft sehe ich die Resonanz so, dass wir das anziehen, was wir denken.

Ein Beispiel soll dies verdeutlichen. Wenn ich ständig z.B. wegen Eifersucht daran denke, dass mein Partner fremd geht, dann wird er dies irgendeinmal auch tun. Wenn ich vertrauen habe ist die Chance auf Treue höher.

Dies ist natürlich mit allem Anderen genau so. Wenn ich mich Heute immer wieder über die Unordnung meines Partners im Badezimmer oder wo auch immer ärgere, dann werden sich diese Eigenschaften immer mehr verstärken.

Ich hoffe Sie verstehen was ich damit sagen will. Ich möchte hier nicht zu viele negative Beispiele nennen. Kommen wir eher zu den positiven Dingen im Leben.

Was bisher war ist vorbei und wir wünschen uns ja einen Partner, mit dem wir glücklich sein können.

Um das Gesetz der Resonanz zu unseren Gunsten zu verwenden, lernen wir aus unseren früheren guten wie schlechten Tatsachen aus unserer Beziehung und denken uns das Ganze im positiven Sinne.

Wir stellen uns die Situation so vor wie wir sie gerne haben. Auf keinen Fall aber wie wir sie gerne nicht haben. „*Nicht*" kennt das Universum nicht.

Wenn Sie sich nun also von Ihrem Partner wünschen, dass er gut und gerne Tennis spielt, dann denken Sie daran, wie viel Spaß Sie mit Ihrem Partner beim Tennisspielen haben oder an frühere gute Tennispartner und nicht daran, wie ungeschickt er sich bisher beim Tennisspielen angestellt und wie ungern er Sie begleitet hat.

Sie sehen, es kommt auf viele Kleinigkeiten an und vielleicht brauchen auch Sie mehrere Anläufe, bis Sie mit Ihrem Partner ein harmonisches Leben führen können. Durch das Gesetz der Resonanz reicht aber ein gesundes, positives Denken aus, das Sie mit täglicher Meditation über positives Denken problemlos erreichen können.

An dieser Stelle wollte ich nur darauf aufmerksam machen, dass es nicht ausreicht, sich einen super tollen Lebenspartner zu wünschen, sondern es in allen Lebensbereichen wichtig ist, positiv zu denken und handeln.

„Auch wenn ich unter meiner Narrenverkleidung einen Anzug trage werde ich als Narr erkannt. Ganzheitlichkeit ist gefragt."

Manfred Bogenschütz

1.7 Liebe alle und alles

Wie wir bereits zum Teil in vorangegangenen Kapiteln erfahren haben, ist die Liebe für ein Leben im Paradies Erde die wichtigste Voraussetzung. Dabei meine ich nicht nur die Liebe zum persönlichen Lebenspartner oder einzelner Personen und keinesfalls ist Liebe dabei zu verwechseln mit Sexualität.

Was ist Liebe? Im Internet und in der Literatur finden Sie unzählige Beschreibungen über Liebe. Aber was ist Liebe wirklich? Ein Wort, eine Bezeichnung für mehr als Freundschaft? Es ist wirklich nicht so einfach, Liebe zu beschreiben. Jeder darf sich deshalb selbst, mit seinem freien Willen, das vorstellen, wo er mit Freude und Dankbarkeit aus tiefstem Herzen einem anderen ehrlich gegenüber treten kann.

Diese Liebe, welche aus tiefstem Inneren kommt, sollten Sie jederzeit allen Menschen, Tieren, Pflanzen und was es sonst in Ihrem Leben gibt, schenken. Durch diese von Ihnen ausgesendete Liebe manifestiert sich alles was Sie sich wünschen überproportional schneller und leichter. Und vor allem, wenn Sie mit Liebe einen Wunsch erfüllt haben wollen, kann es sich nur um positive Wünsche handeln. Ich kann mir kaum vorstellen, dass jemand, der Liebe aussendet, gleichzeitig negative Wünsche ans Universum stellt.

Wen sollten wir nun aber definitiv lieben?

Bei uns selbst müssen wir anfangen. Denn wenn wir uns selbst nicht lieben, wie sollen wir dann andere lieben oder wie können wir verlangen, dass andere uns lieben, wenn wir es selbst nicht einmal tun. Nach uns kommt dann der Lebenspartner und für dieses Buch der künftige neue Lebenspartner, weil dies wohl die Person ist, mit der wir am meisten Zeit gemeinsam verbringen. Unsere Kinder, wenn wir welche haben. Unsere Eltern und Geschwister, Verwandte und Bekannte. Unsere Tiere und Pflanzen. Bis hierher ist es wohl nichts Neues, diese Personen werden mehr oder weniger von den meisten Menschen geliebt oder zumindest liebevolle Beachtung geschenkt.

Was aber nun kommt, ist für die Erfüllung unserer Wünsche und Ziele ein sehr bedeutsamer Schritt. Lieben Sie was sie sonst nicht geliebt haben oder vielleicht sogar gehasst haben. Den verärgerten Nachbarn, den Ex-Partner, den Gerichtsvollzieher, der vielleicht gestern vor der Tür stand und den Sie nicht herein lassen wollten, den Menschen der Ihnen Ihrer Meinung nach Böses angetan hat, das schlechte Wetter, denn auch dies hat seine guten Seiten, der Stau im Verkehr, usw. Kurzerhand, alle und alles.

Sie fragen sich vielleicht, was das soll? Warum soll ich das lieben, was ich bisher gehasst und verachtet habe? Weil damit Ihre negativen Gedanken verschwinden und Sie frei für positive Gedanken sind. Und was sind Ihre Gedanken? Wünsche, die sich alle erfüllen sollen. Und Sie wollen doch künftig auch nur noch positive Wünsche und dass diese schnellstmöglich in Erfüllung gehen.

Wenn Sie sich damit schwer tun, jemanden zu lieben, den Sie nicht so sehr gemocht haben, dann kann es Ihnen auch helfen, wenn Sie demjenigen verzeihen und vergeben und ihm Friede wünschen. Wenn Ihre Gedanken zu einem späteren Zeitpunkt wieder negativ auf diesen Menschen gerichtet sind, reicht es, ihm Friede zu senden. Es ist nicht erforderlich, immer wieder zu vergeben und zu verzeihen. Das Universum versteht es beim ersten Mal. Sagen Sie dann einfach „*Friede sei mit …*".

Das Wichtigste, womit Sie verschwenderisch umgehen sollten, ist die Liebe. Sie sind sehr konservativ eingestellt und kontern jetzt vielleicht, ich liebe meinen Partner und er soll auch nur mich lieben. Jesus soll gesagt haben: „*Liebe Deinen Nächsten wie Dich selbst*" und „*Du sollst nicht begehren Deines Nächsten Weib*". Auch er hat zwischen Liebe und Sexualität unterschieden und wenn Sie ab heute an Liebe denken, sollten Sie dies nicht verwechseln.

Es liegt auch hier wieder ganz an Ihnen selbst, ob Sie Ihre Liebeseinstellung zum Positiven verändern oder nicht. Ich meine damit die uneingeschränkte, von Herzen kommende Liebe zu allen und allem.

Sie haben den freien Willen.

In meinem Buch „Glücklich Leben im Paradies Erde" können Sie noch mehr über das wichtigste Thema im Leben „*Die Liebe*" lesen.

„Liebe und Dankbarkeit beeinflussen unser Unterbewußtsein positiv."

Manfred Bogenschütz

1.8 Zusammenfassung des ersten Kapitels

In diesem ersten Kapitel wurden die Entstehung und die Hintergründe für dieses Buch erläutert. Der Autor hat sich mehrere Jahre mit dem Thema Partnerschaft, Liebe, der Macht unserer Gedanken, dem glücklichen Leben und dem Bestellen von Wünschen im Universum befasst und viele Erfahrungen durch die Umsetzung von seinen eigenen Gedanken in Wünsche ans Universum erlebt. Auch seine Beziehung hat der Autor durch Bestellung im Universum immer mehr verbessert. Damit auch Andere ihr Leben positiv verändern können hat der Autor seine Erfahrungen und den Weg in Bezug auf eine glückliche Partnerschaft in diesem Buch geschrieben. So entstand dieses Buch in der Serie „Liebes Universum" als Erweiterung eines speziellen Themas des ersten Buches von Manfred Bogenschütz „Glücklich Leben im Paradies Erde".

Wie dieses Buch gelesen und im alltäglichen Gebrauch angewendet werden kann, wurde dargestellt. Dieses Buch kann als Nachschlagewerk immer wieder benutzt werden und kann zur Vertiefung des gelernten immer wieder auszugsweise gelesen werden. Eigene Erfahrungen des Autors werden im weiteren Verlauf des Buches dargestellt und für den Leser zur Nachahmung empfohlen.

Der Autor nennt Jesus Christus als seinen Lehrmeister. Jesus Christus sei unabhängig jeglicher Religion zu betrachten und dessen Worte und Lehren so zu beherzigen, dass Gott in uns wohne. Alle Sätze von Jesus Christus können so interpretiert werden, dass wir Menschen die Kraft Gottes in uns haben und wir uns unsere Wünsche als kleine Wunder selbst erfüllen können.

Dazu auch das Thema *„Die Macht der Gedanken"*, welche uns Menschen zu riesigen Ereignissen bemächtigen. Unsere negativen Gedanken beeinflussen unsere negativen Ereignisse, unsere positiven Gedanken beeinflussen unsere positiven Ereignisse. Wir sollten es soweit bringen, dass wir nur noch positiv denken und handeln. Denn alles, was wir aussenden, kommt geballt und vielfach auf uns zurück. Dies ist vergleichbar mit dem Gesetz der Anziehung oder auch mit dem Gesetz von Aktion = Reaktion sowie der Resonanz, welche wir alle aus der Physik kennen.

Aktion = Reaktion zeigt auf, dass alles, was wir aussenden, auf uns zurückkommt. Sei es Hass, sei es Liebe. Sei es Reichtum, sei es Armut. Alles was wir säen, ernten wir auch, nicht mehr und nicht weniger.

Das Gesetz der Resonanz ist vergleichbar den Frequenzen in der Physik, im Leben die geballte Zusammenkunft gleicher Gedanken. Diese Gedanken schwingen sich durch die gleiche Frequenz gegenseitig hoch und ziehen sich somit magisch an.

Die Liebe ist das Wichtigste in unserem Leben. Durch die Liebe senden wir automatisch positive Gedanken und somit positive Wünsche ins Universum. Liebe vernichtet Hass und damit werden alle negativen Wünsche in positive Wünsche verwandelt. Liebe soll dabei nicht mit Sexualität verwechselt werden. Liebet alle und alles. *„Liebe Deinen Nächsten wie Dich selbst"*, hatte Jesus Christus bereits vor 2000 Jahren gesagt. Also sollten wir bei uns selbst anfangen. Wenn wir uns selbst lieben, sind wir auch würdig, von anderen geliebt zu werden, und es wird geschehen. *„Auch Deine Feinde sollst Du lieben"*, hatte Jesus Christus gesagt. Eine sehr wichtige Aussage, denn wenn Sie Ihre Feinde lieben, hassen Sie auch niemanden mehr und alles Glück der Erde steht Ihnen zur Verfügung.

Wie dies alles vor sich geht und wie die Gesetzmäßigkeiten im Allgemeinen funktionieren sowie der Vergleich dieser Gesetze mit unserem Leben, wurde in diesem Kapitel vorgestellt, und wird durch Erfahrungen des Autors untermauert.

"Deine Liebe und Dein Hass von Gestern bestimmen Deine Liebe und Deinen Hass von Heute.
Was wollen wir Morgen?
Ich sende jeden Tag Liebe für Heute und Morgen."

Manfred Bogenschütz.

2 Ganzheitlich glücklich Leben

Wie die Überschrift dieses Kapitels zeigt, beschäftigen wir uns mit diesem Buch nicht nur mit der Verbesserung einer Partnerschaft sondern für ein ganzheitlich glückliches Leben.

Ohne ein ganzheitlich glückliches Leben können wir nur bedingt eine glückliche Partnerschaft führen.

Wir verbringen sehr viel Zeit unseres Lebens am Arbeitsplatz und da wollen wir doch nicht schon am Montag den Freitagnachmittag suchen. Wie wir uns am Arbeitsplatz bzw. mit unserer Beschäftigung wohl fühlen und wir auch unsere Kollegen und Mitarbeiter motivieren können, diesem Thema wird ein eigenes Unterkapitel zugeordnet.

Aber zunächst gehen wir in diesem Kapitel auf unser Umfeld ein. Dabei spielt natürlich unsere Partnerschaft eine große Rolle, denn dies ist im Normalfall die Person, mit der wir die meiste Zeit unseres Lebens verbringen. Die Familie ist neben dem Partner die nächstliegende Gemeinschaft, welcher wir sehr viel Aufmerksamkeit und Liebe schenken.

Aber auch das gesamte weitere Umfeld, die Bekannten, Freunde, die Tierwelt, die Pflanzen und was sonst so alles um uns herum ist, ist ein wichtiger Bestandteil unseres Lebens.

Wenn wir uns mit unserem glücklichen Leben beschäftigen, gilt es, alle und alles zu lieben, zu akzeptieren, wie es ist, und dankbar für alle und alles, was uns umgibt, zu sein.

Würden Kriege, Morde und sonstige Gewalt auf unserer Erde herrschen, wenn wir alle nur noch mit Liebe und Dankbarkeit durchs Leben gingen? Sie werden vielleicht einwenden, aber ich kann doch nicht für alle die Verantwortung übernehmen. Das müssen Sie auch nicht. Beginnen Sie bei sich und die Welt wird sich um Sie herum ändern. Die anderen sind für sich selbst verantwortlich.

Wenn Sie erst einmal nur noch positiv denken und handeln, dann ziehen Sie Gewalt auch nicht mehr an und Sie werden von Gewalt verschont. Lassen Sie auch Neid, Hass oder was Sie denken, was andere an Ihnen auszusetzen haben, nicht mehr an sich heran. Sie wissen ja, alles was sie Denken kommt geballt auf Sie zurück. Es geschieht nach Ihrem freien Willen.

Nun aber zum ersten Unterthema aus diesem Kapitel, der Partnerschaft…

Bild 1:   Gedanken über glückliches Zusammensein

„Werden Sie ganzheitlich glücklich!"

Manfred Bogenschuetz

2.1 Die Partnerschaft

Die Partnerschaft zwischen Menschen ist die wohl engste Verbindung, welche Menschen durch ihren freien Willen eingehen.

Partnerschaften können von sehr glücklich bis sehr unglücklich sein, was wünschen Sie sich?

Es gibt natürlich viele Arten von Partnerschaften, aber beginnen wir mit der Partnerschaft als Lebensgemeinschaft. Auch hier gilt natürlich, die Menschen sind das, was wir von ihnen denken. Da wir mit diesem Buch noch speziell auf die Verbesserung der Partnerschaft eingehen, an dieser Stelle nur ein kleiner Beitrag zum Thema Partnerschaft im Allgemeinen. Wenn Sie Probleme mit Ihrem Partner hatten oder er in verschiedenen Dingen nicht so war, wie Sie es gerne gehabt hätten, dann stellen Sie Ihr Denken um. Erfahren Sie dabei die Macht, welche in Ihrem Gedanken steckt.

Im Verlauf der Zeit verändert sich die Verliebtheit in Gewohnheit, was für viele Menschen schon ein Problem darstellt. Am Anfang einer Liebesbeziehung sehen die meisten Menschen nur die schönen Seiten ihres Partners und die negativen Eigenschaften werden übersehen. Im Laufe der Zeit tauchen dann immer mehr kleine Fehler des Partners auf und bereits die kleinsten Fehler, welche der Partner angeblich hat, werden zu riesigen Fehler, vor allem wenn diese sich häufen. Aber das ist völlig unnötig. Denn die Fehler sind nur Fehler in Ihrem Sinne. Wenn diese Fehler auch Fehler im Sinne Ihres Gegenübers wären, dann würden diese erst gar nicht gemacht werden. Wer macht schon gerne Fehler?

Was also spielt sich hier ab? Wir alle sind Individuen, d.h. jeder von uns ist einzigartig und anders als Andere. Was für den Einen richtig ist, ist für Andere vielleicht falsch. Was der Eine als unnötig ansieht, ist für den Anderen lebensnotwendig. Was ich liebe, hasst vielleicht ein anderer Mensch. Wir können es niemals jedem richtig machen, egal, was wir tun. Auch mit diesem Buch gibt es sicher viele Menschen, welche Ihr Leben sehr positiv verändern, Licht werden oder durch ihre positive Gedankenveränderung ab sofort nur noch glücklich leben. Andere wiederum werden über dieses Buch lachen, nichts mit der Materie anfangen können, nach bereits ein paar Seiten das Buch weglegen oder es erst gar nicht kaufen, weil sie nicht glauben, dass das, was ich hier schreibe und selbst erlebt habe, der Wirklichkeit entspricht und auch Ihr Leben positiv verändern könne. Egal, was Sie tun oder wie Sie sich verhalten, Sie können es niemals jedem recht machen.

Liebes Universum - Ich verbessere Jetzt und Heute meine Beziehung

Was können wir nun dazu beitragen, dass wir unseren Partner immer so lieben können, wie er ist? Ganz einfach, wir akzeptieren ihn genau so, wie er ist, mit all seinen angeblich negativen Seiten. Denken Sie stets an die für Sie positiven Seiten Ihres Partners und danken Sie dem Universum täglich für alles, was Ihnen an Ihrem Partner besonders gefällt. Sie können auch Ihre Wünsche, wie Sie Ihren Partner gerne hätten, so ins Universum stellen, als ob er bereits so wäre und dann davon loslassen und die Situation so akzeptieren, wie sie gerade ist. Sie werden staunen, was für eine Wirkung Sie damit erzielen. Probieren Sie es aus, es kostet Sie kein Geld, nur ein paar positive Gedanken. Viel Glück!

Warum wird oft aus Liebe Hass? Liebe und Hass liegen sehr nah beieinander. Liebe entsteht durch positive Gedanken, meist verbunden mit Dankbarkeit, Freude, Spaß, Lachen usw. Hass entsteht durch negative Gedanken, meist verbunden mit Neid, Leid, Undankbarkeit usw. Oft entsteht Hass aus vorausgegangener Liebe. Vielleicht wurden wir enttäuscht, aber haben wir nicht auch unseren Beitrag dazu geleistet?

Um ein glückliches Leben mit unserem Partner zu leben, müssen wir also immer an uns arbeiten, nicht am Partner. Unsere Gedanken sind entscheidend. Wenn wir immer so von unserem Partner denken, wie wir zu Beginn der Partnerschaft von unserem Partner gedacht haben, wird auch die Liebe zu unserem Partner immer so sein, wie sie zu Beginn war.

Die berufliche Partnerschaft ist zwar nicht so eng und intim wie die Lebensgemeinschaft, aber auch sie ist ein wichtiger Bestandteil unseres Lebens. Wenn wir in der beruflichen Partnerschaft nicht glücklich sind, dann zieht es oft finanzielle Verluste nach sich. Deshalb ist es auch hier wichtig, nur noch positive Gedanken zu haben. Wer denkt, dass er von seinem Partner übers Ohr gehauen wird, dem wird auch so geschehen. Wer denkt, dass sein Partner ehrlich und vertrauensvoll ist, der hat die besten Voraussetzungen, dass eine gute geschäftliche Beziehung herrscht. Achten Sie deshalb bereits bevor Sie eine berufliche Partnerschaft eingehen, auf Ihr Bauchgefühl. Nur wenn absolut gegenseitiges Vertrauen vorliegt, sollten Sie eine solche Beziehung beginnen. Jegliche Zweifel müssen Sie ausschließen oder Sie von einer beruflichen Bindung abhalten.

Wie Sie sich eine Veränderung Ihrer Partnerschaft wünschen, egal ob als Lebensgemeinschaft oder beruflich, sehen wir später.

Wenn Sie Single sind und mehr über die Bestellung eines neuen Partners im Universum erfahren möchten, empfehle ich Ihnen mein Buch aus dieser Serie *„Liebes Universum"* mit dem Titel *„Wie finde ich meinen passenden Lebenspartner".*

2.2 Familie, Freunde und der Rest der Welt

Die Familie, Kinder, Eltern und Geschwister gehören neben dem Lebenspartner zum engsten Kreis eines jeden von uns. Um auch hier Positives zu erfahren, müssen wir Positives aussenden, was ohnehin für alle und alles wichtig ist.

Unsere Kinder sollten wir ermutigen, dass das was sie machen gut ist, und wenn uns das eine oder andere nicht besonders gefällt, es möglichst zu akzeptieren, ohne zu fördern, als immer dagegen an zu gehen. Wir kennen es vielleicht aus unserer Kindheit. *„Das kannst Du nicht, das darfst Du nicht, Dies ist schlecht und Jenes macht Dich krank, usw."* So wurden wir von negativen Gedanken geprägt. Außerdem macht Kindern meist das, was man nicht darf, ohnehin mehr Spaß. Kinder sind mit guten Gedanken geboren und diese müssen wir als Erwachsene fördern. Halten Sie Ihre Kinder fern von negativen Einflüssen und Gedanken, aber ohne diese ständig auszusprechen. Je mehr der Mensch mit negativen Worten suggeriert wird, desto mehr wird sein Unterbewusstsein negativ geprägt. Lachen Sie mit Ihren Kindern und lernen Sie von der Ehrlichkeit und unvoreingenommenen Aktivitäten der Kinder. Sie können natürlich nur die Einflüsse im eigenen Zuhause positiv beeinflussen. Was lernen die Kinder im Kindergarten, in der Schule usw. als Erstes? Schimpfwörter und Gaunereien von den anderen Kindern. Akzeptieren und ignorieren Sie diese einfach und wünschen Sie sich in Gedanken Liebe, Friede und Dankbarkeit. Je weniger Sie dagegen rebellieren, desto schneller werden diese Schimpfwörter und Gaunereien langweilig und abgelegt.

Unsere Eltern sind durch die langjährigen negativen Einflüsse natürlich nicht mehr so einfach zum positiven Denken zu verändern, es sei denn, dass sie sich wie wir selbst mit dem Thema *„Glückliches Leben"* und *„Die Macht unserer Gedanken"* befassen. Am besten leben Sie ihnen dann einfach Ihr positives Leben beispielhaft vor, zeigen ihnen Ihre Erfolge, welche Sie ab heute erzielen. Zeigen Sie ihnen auch alle negativen Erfahrungen, welche Sie sicher in Ihrem Lernprozess machen werden und aus früheren Zeiten nachvollziehen können. Ich hoffe für Sie, dass es Ihnen gelingt, auch Ihre Eltern auf den richtigen, positiven Weg zu führen. Denken Sie auch hierbei stets positiv über die positive Entwicklung Ihrer Eltern, auch wenn es anfangs schwierig erscheint. Wir alle, auch Ihre Eltern, haben die Göttlichkeit in uns. Wir müssen sie nur wecken.

Dasselbe gilt für Ihre Geschwister, Verwandten, Bekannte und Freunde sowie den Rest der Welt. Leben Sie es ihnen vor. Seien Sie Vorbild.

Anfangs erklärt man Sie vielleicht für verrückt, wenn Sie zuviel von Gott und der Kraft der Gedanken erzählen. Was musste ich mir alles anhören. *„Lass mich in Ruhe mit Deinem Gott"* und *„Warum hilft er mir nicht, wenn…"* usw. Die meisten Menschen suchen Gott immer nur, wenn es ihnen schlecht geht und dann hilft er ihnen nicht. Ist doch klar. Wenn es ihnen schlecht geht ist dies mit deren schlechten Gedanken hervorgerufen worden und ganz nach Ihrem freien Willen als Wunsch in Erfüllung gegangen. Gott hat ihnen geholfen, aber nur so, wie sie es sich gewünscht haben. Fast jeder von uns hat all dies schon erlebt, meist unbewusst. Ich möchte Sie dazu ermutigen, Ihr bisheriges Leben mit den Erkenntnissen aus diesem Buch nachzuvollziehen. Vielleicht können Sie in ein paar Tagen, Monaten oder schon jetzt erkennen, was Sie sich durch Ihre Gedanken alles Positives und Negatives angetan haben. Ich kann vieles heute nachvollziehen und deshalb schreibe ich Bücher über meine Erfahrungen, da ich dadurch vielen Menschen helfen kann, auch Ihr Leben durch positives Denken zu verbessern. Möge es Ihnen auf Ihrem Weg zu einem glücklichen Leben helfen.

Lassen Sie sich nicht von negativen Gedanken und Einflüssen anderer Menschen entmutigen. Sie haben Ihre Gedanken und handeln nach Ihrem freien Willen und sind einzig und allein für sich selbst verantwortlich. Die Anderen sind für sich verantwortlich.

Schenken Sie sich selbst und allen Menschen dieser Erde, ob Partner, Verwandte, Freunde, Bekannte, sowie allen, die Sie nicht kennen, und vor allem Ihren Feinden Liebe, Dankbarkeit und Freude.

„Lächeln Sie Andere an und Sie werden ein lächeln zurück bekommen."

Manfred Bogenschütz

2.3 Tiere und Pflanzen

Wer Tiere und Pflanzen nicht mag, mag sich selbst nicht. Diesen Satz muß ich immer wieder denken, wenn ich auf Menschen treffe, welche Tiere und Pflanzen nicht mögen, sie Tiere verjagen, welche ihr Grundstück betreten, sie schlagen oder gar aus Spaß ermorden.

Tiere und Pflanzen sind Lebewesen wie wir Menschen auch. Und auch hier gilt, was wir aussenden, kommt auf uns zurück. Wenn wir also Tieren unsere Liebe schenken, erfüllen sich unsere positiven Wünsche leichter und schneller.

Dasselbe gilt für Pflanzen. Starten Sie einmal folgenden Test. Nehmen Sie zwei völlig gleiche Pflanzen, dann nehmen Sie zwei Wassergefäße und befüllen diese mit Wasser. Dann schreiben Sie auf einen der Behälter „Liebe und Gesundheit" und auf den anderen Behälter „Hass und Krankheit". Lassen Sie beide Behälter mit dem befüllten Wasser einen Tag stehen. Am nächsten Tag gießen Sie mit einem Wasserbehälter die eine Pflanze und mit dem anderen Behälter die andere Pflanze. Das ganze wiederholen Sie mehrere Tage, bis Sie eine Veränderung der Pflanzen feststellen. Verwechseln Sie dabei die Wassergefäße nicht. Sie werden erstaunt sein, wie sich die Pflanzen, welche mit dem Wasser aus dem Behälter mit der Aufschrift „Liebe und Gesundheit" positiver verändern als die Pflanzen, welche aus dem Behälter mit der Aufschrift „Hass und Krankheit" begossen wurden. Testen Sie es! Der Versuch kostet Sie nichts, außer einer traurigen Pflanze. Diese können Sie ja anschließend wieder mit dem „liebevollen Wasser" aufmuntern.

Vielleicht haben Sie bereits ähnliche Erfahrungen mit Pflanzen gemacht, indem sich Pflanzen, denen Sie mit viel Liebe begegnet sind oder gar mit Ihnen gesprochen haben, prächtig entwickelt haben.

Im Handel erhältlich sind sogar Musik-CD's, welche ausschließlich für Pflanzen und Tiere erstellt wurden. Ich habe eine solche CD. Im Internet finden Sie sicher eine, wenn Sie sich dafür interessieren.

Nun wieder zu den Tieren. Viele Menschen haben ein Haustier. Vielleicht haben auch Sie welche. Wir besitzen einen Hund, drei Katzen und mehrere hundert Fische im Aquarium und im Gartenteich. Täglich können wir uns an den Tieren erfreuen und auch sie schenken uns viel Liebe, Freude und Dankbarkeit.

Was aber ist mit den Tieren, welche zum Verzehr gezüchtet und geschlachtet werden. Diesbezüglich gibt es viele unterschiedliche Meinungen. Selbst unter den Vegetariern unter uns teilen sich die Meinungen. Die einen essen kein Wild, die anderen kein Schwein, wiederum Andere essen zwar kein Fleisch, aber dafür Fisch.

Ich bin kein Vegetarier. Für mich sind Tiere und Pflanzen gleichermaßen Lebewesen und somit dürfte ich gar nichts essen. Von Natur aus aber muss jeder Mensch, jedes Tier und jede Pflanze Nahrung zu sich nehmen. In der Natur jagen sich die Tiere und fressen andere Tiere und Pflanzen.

Früher waren die Menschen Jäger und Sammler, heute züchten wir die Tiere zu Nahrungszwecken, wo liegt der Unterschied. Natürlich tun mir die Tiere und Pflanzen leid, aber auch ich unterliege den Naturgesetzen und somit ernähre ich mich von dem, was mir schmeckt. Von Tieren, welche nicht artgerecht gehalten oder qualvoll getötet werden und vom Aussterben bedrohten Tieren und Pflanzen nehme ich allerdings Abstand.

Ich akzeptiere auch alle andersdenkenden Menschen, welche aus welchen Gründen auch immer, religiöser oder ethischer Gründe zum Beispiel, ihre Interessen vertreten. Leider kann man es ohnehin nicht Jedem recht machen.

Jesus hat bei der Bergpredigt gesagt: *„Sehet die Lilien…“*. Wir sollten uns an der Pracht der Pflanzen und Tiere erfreuen. Die Natur gibt uns außerdem für alle technischen Fragen Antworten. Die Natur weiß am besten, wie alles funktioniert. Hubschrauber wurden nach den Erkenntnissen aus der Hummel entwickelt. Architekten nehmen sich oft Beispiele an den Pflanzen, weshalb wir immer wieder Bauwerke entdecken, welche wir kaum für möglich halten. Diese sind meist statisch berechnet, wie die Pflanzen sich verhalten.

Wir können von der Natur noch vieles lernen und tun dies auch in der Weiterentwicklung, sowohl menschlich als auch technisch. Wir sollten aber auch dafür sorgen, dass unserer Umwelt so wenig wie möglich Schaden zugefügt wird. Ich hoffe, dass wir Menschen auch diesbezüglich aufwachen und unsere Umwelt schonender behandeln.

Auch ich fahre mit dem Auto, jedoch versuche ich sparsam mit Abgasen umzugehen indem ich eine ruhige Fahrweise habe, ein Fahrzeug mit wenig Benzinverbrauch fahre und möglichst meine Fahrten sinnvoll plane.

Unsere Tiere und Pflanzen sind es wert, geschont, gepflegt, geliebt und geachtet zu werden.

Alles, was wir dazu beitragen, kommt auch hier geballt in Form von Aktion = Reaktion auf uns zurück.

2.4 Sport und Freizeit

Sport und Freizeit sind für ein glückliches Leben Faktoren, die zum Ausgleich der täglichen Pflichten für jeden Menschen wichtig sind. Jeder von uns hat seine eigenen Vorstellungen von Sport und Freizeit. Es ist auch gut so, dass jeder Mensch ein Individuum ist und Jeder andere Interessen und Neigungen hat und diese sich auch immer wieder verändern und anpassen. Man stelle sich nur vor, was passieren würde, wenn alle Menschen zum gleichen Zeitpunkt die gleichen Reiseziele und Sehenswürdigkeiten besuchen wollten. Oder wenn alle zur gleichen Zeit in dasselbe Fitness-Studio oder im selben Verein trainieren wollten. Unvorstellbares Chaos wäre die Folge. Überfüllung da, leere Veranstaltungen an anderer Stelle. Es ist schon gut verteilt, wie es ist.

Warum dieser Vorspann? Weil ich sicher andere Interessen, Wünsche, Ziele und Neigungen habe als Sie. Was ich gerne mache, spielt deshalb keine Rolle. Wichtig ist nur, dass wir unsere Interessen in Bezug auf Sport und Freizeit pflegen und möglichst in unsere private Zeitplanung fest integrieren.

Warum fest integrieren? Weil wir uns sonst immer wieder durch unsere Alltagspflichten davon abbringen lassen und dies unserem Wohlbefinden schadet.

Ich spreche da von meinen Erfahrungen, aber Sie können mir sicher mit Ihren Erfahrungen zustimmen.

Wenn ich zum Beispiel meine täglichen Übungsminuten, welche ich mit Meditation, Thai Chi, Qi Gong, Yoga usw. durchführen will und nicht planmäßig unterbringe, dann geraten sie stetig mehr und mehr zu vernachlässigen. Genauso ist es mit Tanzen, Badminton spielen, Thermalbad- und Saunabesuchen, alles was ich gerne in meiner Freizeit mache.

Die Pflicht ruft. Aber das Leben darf nicht zu einer einzigen Pflicht werden. Wir benötigen den Ausgleich, Entspannung vom Alltag. Nur dann sind wir ausgeglichen, haben Freude am Leben und können unser glückliches Leben genießen.

Machen Sie das, was Ihnen Spaß macht, aber machen Sie es, Heute, immer wieder Heute, Morgen kommt nie.

Bewegen Sie sich, tun Sie sich täglich etwas Gutes. Und wenn Sie mit Meditation und Entspannung noch nicht viel zu tun haben, empfehle ich Ihnen auch hier ein wenig aktiv zu werden.

Sie können zur Meditation und Entspannung auch eine meiner Entspannungs-CD's einsetzen, welche ich im Anhang dieses Buches kurz vorstelle. In jedem Fall aber sollten Sie, wenn Sie sich neu mit dem Thema *„Die Macht unserer Gedanken"* befassen, worüber ich hier vieles schreibe, täglich mit Ihren Gedanken befassen, damit Sie künftig nur noch positiv denken. Mehr als 30 eigene Erfahrungen von mir, wie ich mein Leben positiv verändert habe, sind in meinem Buch „Glücklich Leben im Paradies Erde" ausführlich beschrieben. Sie werden, wenn dieses Thema neu für Sie ist, am Anfang erst einmal erschrecken, wie viele negative Gedanken uns den ganzen Tag über begleiten. Aber diese verschwinden zunehmend, wenn Sie sich täglich für Ihr positives Denken bemühen.

Nutzen Sie möglichst viel Zeit, um die Natur zu genießen. Der Mensch befindet sich viel zu viel in Gebäuden. Am Arbeitsplatz, in der Wohnung, in Veranstaltungsräumen und Gaststätten. Nutzen Sie die Kraft der Sonne und des natürlichen Lichtes. Tanken Sie Ihren Energiespeicher durch die Atmung frischer Luft in unserer Mutter Natur. Das stärkt Ihr Immunsystem und schenkt Ihnen Freiheit und Gesundheit.

So, nun wünsche ich Ihnen bei Ihrer Freizeit und bei Ihren sportlichen Aktivitäten viel Freude. Legen Sie das Buch doch einfach mal zur Seite und bewegen Sie sich. Vielleicht auch nur ein paar Streckübungen oder mit langsamen, kontrollierten Bewegungen nach Thai Chi, Yoga oder Ähnlichem, um Ihre Energie und Konzentration zu stärken. Meditieren Sie doch ein wenig über das bisher Gelesene. Das Buch läuft Ihnen nicht davon.

„ Eine Pause mit Meditation und Bewegungsübungen tut Ihrer Seele und Ihrem Wohlbefinden gut."

Manfred Bogenschütz

2.5 Die Arbeit muß Spaß machen

Nun gehen wir mit Spaß und Freude an die Arbeit.

Ich selbst habe bisher ein abwechslungsreiches, interessantes Arbeitsleben hinter mir. Ich war in verschiedenen Branchen selbstständig, war aber auch viele Jahre im Angestelltenverhältnis tätig. Ich lernte in diesen etwa nun 25 Arbeitsjahren viele Menschen kennen, die bereits am Montagmorgen den Freitag Feierabend gesucht haben, weil sie mit ihrem Job unzufrieden sind. Ich habe aber auch hoch motivierte Mitarbeiter angetroffen.

Ich selbst kann einen Job, welcher mir keinen Spaß macht, über eine längere Zeit nicht täglich ausüben. Entweder ich arbeite mit Freude oder ich wechsle meinen Arbeitsplatz. Dasselbe natürlich auch bei Selbstständigkeit. Wenn mir die Tätigkeit keinen Spaß mehr macht, muss ich mich verändern. Und das ist gut so. Wenn wir uns dem widmen, was uns Freude bereitet und uns glücklich macht, leisten wir überproportional viel mehr.

Wenn Sie eine unselbstständige Tätigkeit ausüben, sorgen Sie dafür, dass es Ihnen an Ihrem Arbeitsplatz gefällt. Reden Sie mit Ihren Vorgesetzten, ich hoffe diese sind Führungskräfte, über Ihre Wünsche und persönlichen sowie beruflichen Ziele. Jedes Unternehmen hat ebenfalls Ziele und jede Führungskraft wird bei sachlicher Unterredung ebenfalls ein gemeinsames Ziel anstreben. Führungskräfte wissen, dass der Mensch die wichtigste Ressource ihres Unternehmens ist.

Der Unterschied zwischen Vorgesetzten und Führungskräfte ist folgendermaßen. Vorgesetzte wurden vorgesetzt, haben zu wenig Erfahrung und Ausbildung, als dass sie mit Menschen umgehen können. Oft haben sie Angst davor, dass ihre Mitarbeiter sie in ihrer Karrierelaufbahn überholen könnten und halten deshalb ihre Mitarbeiter möglichst an der kurzen Leine. Führungskräfte können mit Menschen umgehen, motivieren und fördern ihre Mitarbeiter. Sie sind sogar bereit, ihre Mitarbeiter in der Karriere weiter zu bringen als sich selbst, also jeden so zu fördern, wie sich Möglichkeiten bieten. Eine solche Führungskraft wird auch nie ihren Arbeitsplatz fürchten müssen, denn wenn aus dieser Führungsebene gute Mitarbeiter aufgezogen werden, ist auch die ganze Linie produktiver.

Leider gibt es in unserer Wirtschaft mehr Vorgesetzte als Führungskräfte. Deshalb habe auch ich meinen Job als Ingenieur aufgegeben, weil ich mit den Vorgesetzten nicht mehr klar gekommen bin. Ich habe mein letztes Unternehmen verlassen, weil sich das Betriebsklima in den letzten Jahren von sehr gut bis sehr schlecht gewandelt hat. Wir hatten auch fast ausschließlich Vorgesetzte. In den beiden letzten Jahren, bevor ich das Unternehmen verließ, war die Krankenquote der Mitarbeiter enorm gestiegen und die Fluktuation lag bei mindestens 25 Prozent.

Ich möchte viel lieber mit Menschen, welche Herz und Verstand haben, zusammenarbeiten und dies kann ich bei meiner Arbeit als Spezialist für glücklich Leben und Arbeiten tun. Zu meinen Veranstaltungen kommen kaum Vorgesetzte, denn diese sind so von sich überzeugt, dass sie keine Zusammenarbeit mit mir benötigen. Zu mir kommen Privatpersonen mit liebevollem Herz sowie Führungskräfte und Unternehmer, welche Ihr Unternehmen menschlich weiterbringen möchten und das ist einfach toll.

Was aber tun, wenn keine gemeinsamen Ziele gefunden werden? Dann sind Sie fehl am Platz. Machen Sie sich Gedanken, ob Sie ab heute mit Freude Ihre Arbeit angehen können oder ob Sie die Stelle wechseln. Wenn Sie den Job behalten, dann stellen Sie Ihren Wunsch, wie Sie die Stelle gerne weiterführen wollen, ins Universum, lassen dann von allem los und akzeptieren die Situation uneingeschränkt so, wie sie aktuell ist.

Bevor Sie Ihre Stelle wechseln, müssen Sie sich über Ihre Interessen und beruflichen Ziele Gedanken machen. Was wollen Sie wirklich? Am besten ist es, wenn Sie Ihr Hobby zum Beruf machen können. Was für Möglichkeiten bieten Ihnen Ihre Hobbies? Was Sie in Ihrer Freizeit gerne machen, machen Sie auch beruflich gerne.

Wenn Sie selbstständig sind, ist es wichtig, dass Ihr Unternehmen Gewinne erzielt. Ich kenne viele Betriebe, welche Aufträge weit unter Kostendeckung annehmen, nur damit sie Arbeit haben. Hören Sie damit auf. Spezialisieren Sie sich mit einem Thema, was Ihnen Gewinn bringt und vor allem Ihnen Freude bereitet. Sie werden für das bezahlt, was Sie Wert sind.

Ich habe mein Hobby zum Beruf gemacht und fahre sehr gut damit.

Wer mit Freude arbeitet, ist glücklicher, effektiver, gesünder und zufriedener. Dies wirkt sich nicht nur am Arbeitsplatz, sondern in allen Lebenslagen aus. Wer im Berufsleben zufrieden ist, der ist auch freier für eine glückliche Lebensgemeinschaft.

Ich wünsche auch Ihnen alles Gute bei der Umsetzung Ihrer beruflichen Ziele.

Wenn Sie mehr über das Thema *„Spaß an der Arbeit"* erfahren möchten, empfehle ich Ihnen mein Buch aus dieser Serie *„Liebes Universum"* mit dem Titel *„Meine Arbeit soll Spaß machen"*.

2.6   Lerne täglich dazu

Wenn wir an Reinkarnation glauben, haben wir uns dieses Leben ausgesucht, um auf unserem Weg im unsterblichen ewigen Leben etwas dazu zu lernen. So ist das Leben. Wir kommen und gehen und dazwischen lernen wir auf unserem irdischen Leben.

Wir lernen jeden Tag etwas Neues hinzu. Vieles durch Erfahrungen, also durch unbewusstes Lernen. Durch das bewusste Lernen, was ich unter Seminaren, Sachbüchern, Informationssendungen, Vorträgen usw. verstehe, lernen wir effektiver und mit weniger Fehlern, als wenn wir nur abwarten, was wohl Morgen geschieht.

Wenn ich an meine Kindheit zurückdenke, da war ich zu faul zum Lesen. Ich habe das Lesen und die ständige Weiterbildung erst im Alter von etwa 28 Jahren entdeckt. Meine Schulausbildungen habe ich ohne Lernen mit sehr guten Abschlüssen absolviert. Nach meiner Scheidung im Jahr 1991 habe ich begonnen, Bücher über Partnerschaft und Liebe zu lesen. Während meines Studiums, welches ich als Umschulung erst mit 30 Jahren begann, habe ich viele Zusatzausbildungen besucht. Ich begann aufzuwachen und seither besuche ich immer wieder Seminare, Vorträge, und vor allem lese ich viele Bücher. So kam ich dann auch auf den spirituellen Weg. Ob *„Glaube"*, *„Feng Shui"*, *„Meditation"*, mich begeistern immer mehr die Themen über ein glückliches Leben.

Beruflich habe ich so viele hochwertige Zusatzqualifikationen, dass ich, wenn ich mich für irgendeine Stelle beworben hatte, als überqualifiziert abgestempelt wurde. Aber das ist für mich völlig in Ordnung. Vielleicht verbergen sich da Vorgesetzte, welche Angst um ihren Stuhl haben. Heute freue ich mich über die Unternehmen, welche meine Dienstleistungen schätzen, mich weiterempfehlen und denen ich helfen kann, ihre Mitarbeiter zu glücklichen Menschen zu machen, welche sich an ihrem Unternehmen erfreuen und somit Effektivität ins Unternehmen bringen. Ganz besonders freut es mich, dass meine Leser zum Großteil begeistert sind von dem was ich schreibe und ich diese Menschen glücklich machen kann.

Lassen Sie sich also nicht davon abbringen, sich immer weiter zu bilden und weiter zu entwickeln. Dies ist Ihr Leben.

Kennen Sie ein Buch über schnelles Lesen? Wenn nicht, kann ich Ihnen nur wärmstens empfehlen, nach diesem Buch ein solches Buch zu lesen. Ich war, weil ich ja in jungen Jahren zu faul war, ein sehr schlechter Leser. Ich musste die Texte mehrmals wiederholen, bis ich sie verstanden hatte, und wenn ich in einem Seminar etwas lesen musste, waren alle Seminarteilnehmer fertig, wenn ich gerade mal die Hälfte des Textes gelesen hatte. Heute ist dies anders. Ich habe meine Lesegeschwindigkeit vervielfacht. Ein Seminar diesbezüglich habe ich nicht besucht, obwohl ich dies vielleicht irgendwann einmal nachholen werde. Dies war mir bisher zu teuer. Ich habe Bücher über „*Speed Reading*" und „*Photo Reading*" gelesen und die Übungen für mich und in meiner persönlichen Lerngeschwindigkeit nachvollzogen. Heute kann ich ein Buch an einem Tag lesen, wo ich früher Wochen oder Monate benötigte. Im Buchhandel oder im Internet finden Sie viele Bücher über schnelles Lesen, das Buch von Tony Buzan, *Speed Reading – Schneller lesen – mehr verstehen – besser behalten*" möchte ich Ihnen empfehlen. Es gibt aber sicher viele andere gute Bücher und Seminare auf diesem Gebiet. Es lohnt sich in jedem Fall.

Oder schreiben Sie doch auch ein Buch über Ihre Erfahrungen. Wenn man ein solches Buch schreibt, vertieft sich das bisher Gelernte.

Dann empfehle ich Ihnen zusätzlich das Zehn-Finger-System für die Tastatur Ihres Computers bzw. einen Schreibmaschinenkurs zu absolvieren.

Ich habe das Zehn–Finger-System anhand der Begleitbücher eines Kurses, welchen einer meiner Brüder besucht hatte, in eigener Initiative allein gelernt. Wenn ich zusehe, wie sich manche Menschen, welche den ganzen Tag beruflich am Computer sitzen, mit zwei Fingern beim Schreiben abmühen, kann ich nur den Kopf schütteln. Eine Woche lernen und das ganze Schreiben macht viel mehr Spaß und vor allem, man braucht nicht einmal mehr auf die Tastatur oder den Bildschirm zu schauen. Ich habe den Kurs schon vielen Menschen empfohlen, leider sind die Meisten davon zu faul zum Lesen und Lernen. Mit dem Zwei-Finger-Such-System würde ich sicher dieses Buch auch nicht schreiben wollen.

Fazit: Wenn Sie viel lesen und schreiben wollen, ist es wichtig, schnelles Lesen und Schreiben zu erlernen. Der dafür eingesetzte Zeitaufwand ist in kurzer Zeit wieder amortisiert.

Bei mir stapeln sich keine Zeitungen und Zeitschriften mehr, obwohl ich alles anschaue, was mir auf den Tisch fällt. Durch schnelles Lesen lernen Sie auch das Überfliegen von Texten jeglicher Art, denn Ihr Unterbewusstsein entdeckt die für Sie wichtigen Informationen durch das Gesetzt der Resonanz bzw. der Anziehung.

2.7   Liebe Dich selbst

„Liebe Deinen Nächsten wie dich selbst." Was sagt dieser Satz von Jesus Christus? Bevor Sie jemand anderen lieben können, müssen Sie sich selbst lieben.

Erschreckend, wie viele Menschen sich selbst nicht lieben und sich auch im Spiegel, auf Bildern usw. nicht gerne sehen und mögen. Sollten auch Sie noch zu den Menschen gehören, die sich selbst nicht lieben, frage ich Sie, warum sollten Sie von Anderen geliebt werden? Muten Sie anderen zu, dass Sie jemanden so nicht liebenswürdigen Menschen, wie Sie es selbst von sich meinen, lieben sollen? Sehen Sie, was ich meine?

Sich selbst zu lieben, sich so zu akzeptieren wie wir sind, mit allen Ecken und Kanten, mit unseren kleinen Fehlern und Rundungen oder unseren Gebrechen, unseren Krankheiten usw., die wir angeblich haben ist ein wichtiger Schritt für eine glückliche Partnerschaft und ein glückliches Leben.

Sie sind einzigartig, ich bin einzigartig und jeder Mensch ist einzigartig. Wir alle haben den freien Willen, ob wir abgelehnt und gehasst oder akzeptiert und geliebt werden. Es liegt einzig und allein an uns selbst. Im Kapitel Aktion = Reaktion habe ich beschrieben, dass alles, was wir aussenden, auf uns zurückkommt, alles. Wir ziehen es magisch an. Wenn wir uns selbst lieben, ist dies bereits die erste und wichtigste Liebe, die wir aussenden.

Lächeln Sie dem Menschen im Spiegel täglich mit Freude zu und Sie werden feststellen, dass auch er Ihnen ein Lächeln zurück sendet.

Ihre nach Ihren Vorstellungen kleinen oder großen Fehler an Ihnen müssen Sie lernen zu lieben, zu akzeptieren. Dazu können Sie sich nackt vor einen Spiegel stellen und sich Ihren Körper anschauen. Machen Sie sich selbst Komplimente. Sind Sie auf jeden Fall aber mindestens mit sich selbst zufrieden, dass Sie so, wie Sie sind, geschaffen wurden. Anfangs braucht dies vielleicht Überwindung, beim Einen mehr, beim Anderen weniger, aber wenn Sie dies öfter machen, wird es zur Routine und Sie werden feststellen, dass Sie ein größeres Selbstvertrauen und eine viel mächtigere Ausstrahlung Ihren Mitmenschen gegenüber vermitteln. Sie werden feststellen, dass Menschen Ihnen Komplimente machen, ohne dass Sie auch nur sonst eine äußerliche Veränderung an sich vorgenommen haben.

Ich muss gestehen, ich mochte mich früher auch auf Bildern nicht gerne sehen. Mich haben auch dies und jenes an mir gestört. Als ich dann etwa 1992 begann, eben solche Übungen mit mir selbst zu machen, konnte ich Erstaunliches wahrnehmen. Auch mir fiel es sehr schwer, solche Übungen zu praktizieren. Nackt vor dem Spiegel zu stehen und einen Körper für schön zu befinden, an dem ich zuvor so vieles auszusetzen hatte. Aber ich habe es durchgezogen und werde es nie bereuen. Ich wurde plötzlich viel jünger geschätzt als zuvor, ich spüre, dass mich die Menschen viel mehr mochten als zuvor.

Ich muss zugeben, dass ich bis 1991 schwer gearbeitet hatte, um meine Familie zu ernähren und weil ich mir viel vorgenommen hatte. Zu jener Zeit hatte ich eine kleine Kneipe, ohne Ruhetag von montags bis sonntags 15 Stunden am Tag. Klar hatte ich auch nebenberufliche Mitarbeiter, aber trotz allem bleibt das meiste an einem selbst hängen. Ich wurde schon mit 25 Jahren auf 35 Jahre geschätzt. Meine Scheidung 1991 hat mich finanziell 20 Jahre zurückgeworfen und dadurch habe ich mein Leben ab 1991 schon drastisch verändert. Ich begann zu leben, nicht nur zu arbeiten.

Ich möchte Sie einfach dazu inspirieren: *„Lieben Sie sich selbst so, wie Sie von anderen geliebt werden möchten."*

Es schadet Niemandem und kann Ihnen nur helfen, mehr Selbstbewusstsein zu erlangen und von Anderen so geliebt zu werden, wie Sie es sich wünschen und wie Sie es auch verdient haben.

Die Liebe ist das Wichtigste in unserem Leben und das Wichtigste auf dem Weg zur inneren Göttlichkeit. Fangen auch Sie direkt und heute an, sich selbst zu lieben. Fassen Sie all Ihren Mut zusammen, denn es ist einfacher als man denkt, wenn erst einmal die ersten Hürden genommen sind. Es lohnt sich für Sie. Ich wünsche Ihnen viel Spaß und Erfolg bei der Suche nach Ihrer inneren Liebe und Göttlichkeit. Jedem steht der Weg durch seinen freien Willen offen.

"Nur wer sich selbst liebt darf auch von anderen erwarten, geliebt zu werden."

Manfred Bogenschuetz

Bild 2:   Sich selbst und sein Leben lieben und genießen

"Schau in den Spiegel um den Haken zu finden, der Dich vom Glücklichsein abhält.
Wer erfüllt unsere Wünsche?
Das kann uns wohl niemand erklären. Wir müssen auf unseren Glauben, unsere Eingebungen und unser Bauchgefühl vertrauen. Unsere Wünsche von Herzen werden als Gebete erhört und verwirklicht.
Vertrauen Sie auf Ihre innere Göttlichkeit."

Manfred Bogenschütz

2.8 Zusammenfassung des zweiten Kapitels

In diesem Kapitel haben wir vieles über unser Umfeld gelernt. Sowohl in unserer Freizeit als auch bei unserer Arbeit ist es wichtig, dass wir alles, was wir gerne unternehmen, fördern, und alles, was wir ungern unternehmen, entweder aus unserem Leben verbannen oder so akzeptieren, wie es ist. Jegliche Verweigerung und Ablehnung bringt uns Unzufriedenheit und versperrt uns damit den Weg in ein glückliches Leben.

Die Partnerschaft, privat wie geschäftlich, wurde nach uns selbst an zweiter Stelle genannt, weil diese die wohl intimste Freundschaft darstellt und mit der wir die meiste Zeit unseres Lebens verbringen.

Die Familie, Freunde und der Rest der Welt stellen nach der Partnerschaft unsere Nächsten dar. *„Liebe Deinen Nächsten wie dich selbst"*, hatte Jesus gesagt, und wir sollten daher alle und alles lieben. Angefangen bei uns selbst bis zu den Menschen, Tieren und Pflanzen, denen wir bisher wenig Zuneigung entgegen brachten oder gar gehasst hatten.

Wie wichtig Sport für unser Wohlbefinden ist, erkennen wir oft erst, wenn wir den Sport als solches vernachlässigen. Wir sollten daher den Sport in unser tägliches Programm einbinden und terminlich fest integrieren. Dabei spielt es keine Rolle, welche Art von Sport wir ausüben. Wir sollten den Sport und die Freizeitbeschäftigungen ausüben, welche uns am meisten Spaß bereiten. Auch Entspannungstechniken sind für unser Wohlbefinden sehr nützlich.

Dass wir mit Freude an unsere beruflichen Arbeiten herantreten sollten, versteht sich schon daher, dass wir einen großen Teil unseres Lebens zwischen 20 und 65 Jahren mit unserer Arbeit verbringen. Wer möchte schon die meiste Zeit seines Lebens unglücklich verbringen. Machen Sie Ihr Hobby zum Beruf oder Ihren Beruf zu Ihrem Hobby.

Das Lernen, Lesen und die Bildung ist unsere Lebensaufgabe. Wer viel lesen möchte, um sich auf dieser Welt etwas Gutes zu tun, der sollte lernen zu lesen. Dabei werden Lesetechniken zur Vervielfachung unserer Lesegeschwindigkeit empfohlen. Lesen ist nicht gleich Lesen.

Dasselbe gilt für das Schreiben am PC oder der Schreibmaschine. Wer täglich viel zu schreiben hat oder gar ein Buch schreiben möchte, der sollte sich nicht mit dem Zwei-Finger-System begnügen. Ein kleiner Kurs von nur wenigen Tagen amortisiert sich in kürzester Zeit.

Im nächsten Kapitel werden wir erfahren, dass manche lebensnotwendige Dinge nicht nur für den Erhalt unseres irdischen Lebens notwendig sind, sondern bei guter Pflege uns viel schneller und besser in ein glückliches Leben führen können.

"Erlebe eine glückliche Partnerschaft indem Du ein ganzheitlich harmonisches Leben in allen Lebensbereichen führest.

Eine Partnerschaft kann nur so glücklich sein wie jeder einzelne Beteiligte.

Unternehme deshalb alles, was Dir am Leben Spaß macht.

Liebe was Du tust und tu was Du liebst."

Manfred Bogenschuetz

3 Leben in Harmonie

Wie Jesus Christus bereits vor 2000 Jahren sagte: *„Der Mensch lebt nicht von Brot allein."*

Um ein glückliches Leben zu führen gehören nicht nur ein passender Partner, sondern noch andere lebensnotwendige Dinge in unserem Leben.

Unser Körper benötigt Wasser, Nahrungsmittel, Vitamine und vieles mehr. Vieles davon bekommt der Körper von uns automatisch, weil wir Hunger und Durst danach haben. Meist reicht es aber unserem Körper nicht aus, weil wir oft zu wenig davon zu uns nehmen. Wenn wir erst einmal Dürsten oder Hungern, ist dies bereits ein Zeichen von Mangel, ein Hilferuf unseres Körpers. Wir sollten diese Dinge zu uns nehmen, bevor wir diese Hilferufe von unserem Körper bekommen. Die meisten Menschen wissen, dass sie mindestens zwei Liter Wasser am Tag trinken sollen, aber tun sie es auch? Die wenigsten Menschen halten sich daran und wundern sich dann, wenn es ihnen schlecht geht. Der Körper weiß ganz genau, was ihm fehlt und wehrt sich mit Krankheiten aller Art.

Bewegung zum Beispiel im Sport und in unserer Freizeit ist ebenfalls ein wichtiger Bestandteil unseres Lebens und sollte gefördert werden. Dies ist eine der vielen Lebensnotwendigkeiten, welche nicht nur für den Körper, sondern bereits für Geist und Seele wichtig ist und uns gut tut.

Bewusstes Atmen ist ebenfalls für Körper, Geist und Seele gut. Das bemerken wir bei der Meditation, beim Tantra, Yoga usw.

Der Glaube versetzt Berge. Hier kommen wir der geistigen Welt etwas näher. Wer nicht glaubt, lebt auch, aber wie? Wenn wir nicht an die Erfüllung unserer Wünsche glauben, werden auch diese nach unserem Glauben erfüllt, nämlich nicht.

Die Liebe ist das Wichtigste im Leben. Bereits Jesus Christus hat immer wieder von Liebe gesprochen und uns ermutigt, alle und alles zu lieben. Wir müssen die Liebe ernst nehmen, denn durch die Liebe, die aus unserem tiefen Herzen kommt, werden alle Träume wahr.

Ich kann Sie nur ermutigen, all diese Lebensnotwendigkeiten wertzuschätzen und zu fördern. All diese Lebensnotwendigkeiten verschwenderisch anzuwenden ist Nahrung für unseren Körper, unseren Geist und unsere Seele.

Bild 3:   Wasser kann man trinken aber auch darin gemeinsam baden

„Nur ein gesunder, glücklicher Mensch kann auch Andere glücklich machen und somit eine glückliche Partnerschaft führen."

Manfred Bogenschütz

3.1 Wasser ist Leben

Ohne Wasser ist kein Leben denkbar. Wasser ist unser wichtigstes Lebensmittel. Ohne Nahrung kann der Mensch zwei Monate leben, ohne Wasser nur wenige Tage. Zu 70-80 Prozent besteht unser menschlicher Körper aus Wasser, unser Kopf enthält sogar 80-90 Prozent Wasser. Je weniger wir trinken, umso mehr muss unser Körper Schwerstarbeit leisten, tagsüber wie nachts, während wir schlafen. Alle physiologischen Vorgänge erfordern Wasser. Für den Transport von Nährstoffen, Enzymen, Fermenten, Vitaminen, Spurenelementen usw. und genauso für den Abtransport von Gift- und Ausscheidungsstoffen braucht unser Körper Wasser.

Wassermangel ist Ursache vieler Beschwerden und Schmerzen. Schon ein geringer Flüssigkeitsverlust von nur 2 Prozent führt zu ernsthaften Einschränkungen der körperlichen und geistigen Leistungsfähigkeit. Müdigkeit, Antriebslosigkeit, Konzentrationsschwäche, nachlassende Denkfähigkeit, Kopf-, Bauch- und Gelenkschmerzen, Migräne, Schwindelgefühl, Unwohlsein usw. können Anzeichen für einen Mangel an Wasser sein. Bandscheibenschäden, Arthrose, Asthma, Bluthochdruck, Sodbrennen und schwere Krankheiten wie Koliken, Nierenleiden, Krebs, Infarkt u.v.a. werden von Medizinern mit chronischem Wassermangel in Verbindung gebracht.

Es gibt viele Faustregeln, wie viel wir trinken sollen. In meinem Buch „Glücklich Leben im Paradies Erde" steht ebenfalls eine von vielen.

Ich kenne viele Menschen, die weniger als einen Liter Wasser pro Tag trinken, und ich kann Ihnen versichern, diese Menschen sind viel öfter krank als ich. Meine Lebenspartnerin z.B. war bereits im Krankenhaus, weil ihre Nieren wegen Wassermangel nicht mehr ordnungsgemäß arbeiten konnten. Dies war vor etwa drei Jahren. Und immer wieder ist sie schwer von einer Grippewelle getroffen. Langsam aber sicher verbessert sich die Lage da sie bei meinen Vorträgen und auch von Ihren Ärzten und Heilern immer wieder erfährt, wie wichtig Wasser für ihren Körper ist.

Was nützen da meine Predigten, wenn die Menschen ihren freien Willen dazu einsetzen, um sich krank und schlecht zu fühlen? All meine Erfahrungen und Aufschriebe hier nützen nichts, wenn Sie, liebe Leser, weiterhin an Zufälle glauben und sich meiner Beweise und den Beweisen, welche viele andere Personen erzählen können, nicht für ernst nehmen.

Ich habe auch schon in Zeitungsberichten von gegenteiligen Berichten gelesen, dass das Wasser aus unseren Nahrungsmitteln und sogar von Kaffee etc. ausreichen würde. Trotzdem bin ich der Meinung, dass Wasser sehr wichtig für unser Wohlbefinden ist und bleibe bei meiner Aussage.

Ein wenig möchte ich meine Aussage jedoch verändern. Wenn Ihr Unterbewußtsein weiß, dass Ihr Körper gesund sein möchte, dann wird sich Ihr Bewußtsein verändern und Sie werden automatisch mehr Wasser zu sich nehmen. Der Körper weiß nämlich genau, was er will.

Der Körper lügt nicht und wenn der Körper krank sein möchte, z.B. weil er nicht zur Arbeit will, dann will er einfach nicht gesund sein.

Sie werden sich vielleicht fragen, möchte nicht Jeder gesund sein? Dass dem nicht so ist, erkläre ich in andern meiner Bücher, z.B. in meinem Buch aus dieser Serie „Liebes Universum" mit dem Titel „Wie denke ich mich Gesund" ausführlich.

An dieser Stelle nur vereinfacht, machen Sie was Ihnen Spaß macht und teilen Sie Ihrem Körper mit, dass er gesund sein will, am besten noch, dass er gesund ist.

Wenn Sie merken, dass Ihr Körper nach viel Wasser verlangt, dann sind Sie auf dem besten Weg. Verwehren Sie Ihrem Körper den Wunsch nach Wasser nicht. Und noch eins, wenn sie durst haben, ist dies bereits ein Zeichen für Mangel. Trinken Sie bevor Sie durst verspüren. Ihr Auto bringen Sie auch zum Kundendienst bevor es defekt ist.

"AMMAN IMAN

—

Wasser ist Leben."

Sprichwort der Tuareg

3.2 Bewusstes Atmen

Wie im vorhergehenden Kapitel das Wasser, so ist die Luft zum Atmen eines der wichtigsten Dinge, welche der Mensch braucht.

Jeder weiß das wohl, aber es ist ein großer Unterschied, Atmen oder bewusstes Atmen. Unter bewusstem Atmen verstehe ich das Atmen in den ganzen Körper, was bei Meditationen erfolgen kann.

Durch bewusstes Atmen kann man zum Beispiel beim autogenen Training besser entspannen. Ob Sie durch die Nase oder den Mund atmen, ist zweitrangig. Wenn Sie fünf Bücher über richtiges Atmen lesen, dann wird Ihnen in drei Bücher geraten, durch den Mund zu atmen und in zwei Bücher wird stehen, dass Sie durch die Nase atmen sollen, oder auch umgekehrt. Machen Sie es einfach, wie Sie es für richtig halten. Was Sie für richtig halten, ist für Sie am besten, vertrauen Sie Ihrem Bauchgefühl. Auch hier gilt, es ist richtig, wie Sie es denken.

Nehmen Sie sich täglich mindestens 5 Minuten Zeit, bewusst zu atmen.

Was erreichen Sie durch bewusstes Atmen?

Ich habe bereits vor 20 Jahren begonnen, bewusst zu atmen. Fangen wir an beim Entspannen, durch autogenes Training oder Tiefenentspannung. Der ganze Körper entspannt sich vom Stress, welcher sich alltäglich aufbaut, sei es bei der Arbeit, von der Gartenarbeit oder auch durch psychische, partnerschaftliche oder sonstige große wie kleine Probleme. Durch das bewusste Atmen werden alle Körperteile angesprochen und Sie atmen von Kopf bis Fuß ein und wieder aus. Dabei wird die Lunge gereinigt und Ihr gesamtes Volumen wird bewusst voll ausgeschöpft. Beim Durchschnittsmensch wird durch das normale Atmen die Lunge nur zu etwa einem Fünftel ausgenutzt. Dadurch verkleben die Lungengefäße, was sich früher oder später schädlich auswirken kann. Verstärkt wird dies natürlich durch Rauchen oder sonstige schlechte Luftverhältnisse. Die Lunge ist aber nur ein Teil unseres Körpers, welche sich für das bewusste Atmen bedankt.

Wenn Sie Atemübungen öfter durchführen, werden Sie feststellen, dass Sie in jedes Körperteil atmen können. In den Kopf, in die Arme, Hände und Finger, in den Bauch und Rumpf, in Ihre Beine und bis in die Zehen. Dabei wird alles aufgelockert und entspannt.

Die Chakren als unsere Energiezentren spielen eine große Rolle für unseren Körper. Wir alle haben sieben Chakren. Sie haben verschiedene Namen. Ich nenne hier jeweils nur einen Namen für jedes Chakra. Das Wurzelchakra, es befindet sich in Höhe der Geschlechtsorgane, das Bauchchakra, das Solarplexus Chakra, in Höhe der untersten Rippen, das Herzchakra, das Kehlkopfchakra, das Stirnchakra und das Kronenchakra, welches sich über dem Kopf befindet. Diese Chakren sind verantwortlich für den Energiefluss im Körper. Jedem Chakra wird zudem noch eine bestimmte Farbe zugeordnet, welche beim Atmen angesprochen werden kann. Wenn Sie nun immer wieder auch in diese Chakren bewusst einatmen, können sich Verspannungen und Blockaden in diesen Chakren lösen und die Energie besser fließen.

Dieser Energiefluss ist wichtig für unser allgemeines Wohlbefinden. Es wird zugunsten verschiedener Lebensbereiche spürbar eingesetzt.

In meinen Büchern „Glücklich Leben im Paradies Erde" und „Liebes Universum – Wie denke ich mich Gesund" finden Sie verschiedene Atemübungen. Nutzen Sie diese Übungen und verändern Sie diese einfach so, wie sie Ihnen am besten geeignet scheinen.

Wenn das bewusste Atmen neu für Sie ist, werden Sie anfangs etwas länger benötigen, bis Sie die hier aufgeführten Erfolge feststellen und bis Sie bewusst in jedes Körperteil atmen können. Lassen Sie sich Zeit. Es lohnt sich in jedem Fall. Ihr Körper dankt es Ihnen vielfach.

Fazit: Atmen ist nicht gleich Atmen. Gönnen Sie Ihrem ganzen Körper mehr Luft, als Sie durch Ihr normales Atmen aufnehmen. Atmen Sie bewusst. Sie können die bewusste Atmung in Ihr tägliches Übungsprogramm aufnehmen, so dass es keine zusätzliche Zeit in Anspruch nimmt.

"Bewußtes Atmen bringt uns in allen Lebensbereichen mehr Lebensqualität, Gesundheit und allgemeines Wohlbefinden"

Manfred Bogenschuetz

3.3 Bewegung für Körper Geist und Seele

Bewegung braucht der Mensch. Wer rastet, der rostet.

Es gibt viele Arten von Bewegung.

Angefangen beim normalen Spaziergang an der frischen Luft. Wohl jeder kennt es. Wir machen viel zu selten einen schönen Spaziergang in der freien Natur. Den Alltagsstress hinter uns lassen. Die Landschaft genießen. Und wenn wir es dann einmal tun, dann sagen wir uns: *„Warum tu ich das nicht öfter, es tut mir so gut"*. Geht es Ihnen auch oft so? Mir schon. Ich spaziere auch viel zu selten und immer nehme ich mir dann, wenn ich es mache, vor, es viel öfter zu tun. Wir nehmen uns einfach zu wenig Zeit für die schönen Dinge im Leben, für das, was uns gut tut.

Für die Fitness können Sie auch Joggen, Laufen, Walken usw. Auch dabei können Sie die Natur genießen und Ihrem Körper Gutes tun. Diese Arten der Fitness bringen nicht nur Wohlbefinden und Entspannung vom Alltag, sondern regen durch die Erhöhung des Blutdrucks bzw. des Pulses auch den Kreislauf an. Sie sollten täglich Ihren Kreislauf für mindestens fünf Minuten auf einen Puls von über 120 Schlägen pro Minute bringen, Ihr Körper wird es Ihnen danken. Ob Sie dies nun durch diese Fitness oder andere Tätigkeiten tun, ist irrelevant. Auch bei gutem Sex wird der Kreislauf in diesem Maße angeregt.

Wenn Sie noch mehr für Ihren Körper, Ihre Ausgeglichenheit und Ihr Wohlbefinden tun wollen, dann empfehle ich Ihnen asiatische Bewegungsübungen wie Thai Chi, Qi Gong, Yoga, Pilates Training oder ähnliches. Ich praktiziere Übungen dieser Art seit mehreren Jahren. Dabei gehe ich nicht streng nach irgendwelchen Regeln vor. Ich habe diese Übungen in Seminaren, bei meinen Rehabilitationsmaßnahmen und durch DVD's erlernt. Heute mache ich fast täglich ein paar einfache Übungen und ich merke stets, dass mein Körper sich dafür bedankt. Die Energie im Körper wird angeregt und fließt so, dass ich nach den Übungen, selbst wenn ich diese nur ein paar Minuten praktiziere, ein Kribbeln im ganzen Körper habe. Danach bin ich so fit, dass ich keinesfalls innerhalb der nächsten Stunde einschlafen könnte. Deshalb empfehle ich Ihnen, solche Übungen nicht vor dem Einschlafen durchzuführen. Tun Sie es morgens oder wenn Sie ein Tagestief erreichen, wo Sie am liebsten schlafen wollten, es aber gerade nicht können. Solche Übungen können Sie überall praktizieren. Es gibt Übungen, die Sie im Liegen, im Sitzen, im Stehen durchführen können. Auch am Arbeitsplatz gibt es sicher ein Örtchen, wo Sie sich für fünf Minuten solchen Übungen widmen können.

Genießen Sie solche Übungen möglichst täglich. Wenn auch nur kurz, Ihr Körper dankt es Ihnen.

Das Beste daran ist, jeder kann solche Übungen, vom Spaziergang bis zu Yoga und Thai Chi, praktizieren. Das Alter spielt dabei keine Rolle. Es muss ja nicht gleich ein Kopfstand sein.

Zum Kopfstand möchte ich eine kleine Erfahrung aus meinem Leben aufzeigen. Der Kopfstand ist im Yoga eine durchaus schwierige und sehr wirkungsvolle Übung. Ich habe erst mit 30 Jahren mein Studium begonnen. In diesem Alter ist es schon etwas schwieriger, intensiven Lernstoff zu verarbeiten. Den Höhepunkt in Sachen Lernen hat der Mensch laut einer Studie, welche ich im Studium gesehen hatte, mit 22 Jahren. Die Kurve geht dann langsam wieder zurück. Hinzu kam, dass ich als Umschüler denselben Lernstoff, welcher an einer üblichen Fachhochschule in vier bis fünf Jahren gelehrt wird, in drei Jahren lernen musste. Ich saß also drei Jahre täglich bis spät in die Nacht mit meinen Kommilitonen zusammen, um zu lernen.

Warum ich aber dies alles hier niederschreibe, ist, dass ich durch den Kopfstand aus dem Yoga gelernt habe, dass die Konzentration durch den Kopfstand extrem gesteigert werden kann. Also startete ich einen Versuch. Ich lernte vor jeder Prüfung am Vorabend noch einmal den gesamten Lehrstoff und legte mich dann schlafen. So etwas nennt man „Das Buch unters Kopfkissen legen". Morgens vor der Prüfung machte ich etwa drei bis fünf Minuten einen Kopfstand und ging dann zur Prüfung. Mein Kopf war klar und ich konnte mich sehr gut an das Erlernte erinnern.

Auch heute mache ich, wenn ich mich tagsüber sehr konzentrieren muss, morgens einen Kopfstand und ich merke immer wieder, wie gut es mir tut und wie klar mein Kopf danach ist.

Probieren Sie es, wenn Sie sich den Kopfstand zutrauen, einfach selbst aus.

Fazit: Bewegung tut dem ganzen Körper, Geist und Seele gut. Sie hält Sie fit und gesund. Gönnen Sie Ihrem Körper eine abwechslungsreiche Bewegung. Genießen Sie lieber jeden Tag ein wenig Bewegung als nur selten und dann in übertriebener Weise.

3.4   Gesunde Ernährung

Richtige Ernährung ist für unseren menschlichen Körper neben dem Wasser und der Luft zum Atmen ebenfalls ein sehr wichtiger Aspekt.

In der heutigen Zeit verlieren die Nahrungsmittel immer mehr an Vitaminen und Nährstoffen. Durch künstliches Vorantreiben des Wachstums, sei es bei Tieren oder Pflanzen, wird die von der Natur vorgesehene Struktur der Nahrungsmittel verfälscht. Durch ebenfalls künstliche Verlängerung der Haltbarkeit der Produkte gehen wichtige Bestandteile der Nahrungsmittel verloren.

Worin besteht eine richtige Ernährung? Dies kann wohl niemand so pauschal sagen, dass allen Menschen in gleicher Weise geholfen werden kann. Wir sollten auf unseren Körper hören. Der Körper lügt nie.

Essen Sie, was Ihnen schmeckt, aber achten Sie dabei darauf, dass Ihr Körper gesund sein will. Dabei spielen wieder Ihre tief im innersten verborgenen unterbewussten Gedanken eine große Rolle. Wenn Sie krank sein wollen, will Ihr Körper Nahrungsmittel, die Sie krank machen bzw. erhalten. Wenn Sie gesund sein wollen, will Ihr Körper Nahrungsmittel, die Sie gesund machen bzw. erhalten. Das mag sich jetzt für viele Leser doof anhören. Wer will schon krank sein? Ist es aber definitiv nicht.

Dazu ein kleiner Ausschweif. Ich war bei einem Heilpraktiker wegen Nervosität bei Vorträgen, die ich immer wieder halte, und weil ich eine Amalgamentgiftung neben einer Zahnbehandlung an mir durchführen ließ, wo ich sämtliches Amalgam, welches mir in meiner Jugendzeit in der Hälfte meiner Zähne implementiert wurde, entfernen ließ. Viele Heilpraktiker wenden die Kinesiologie an, um den Körper zu fragen, welche Medikamente er zu bestimmten Heilungen wünscht. Der Heilpraktiker, welcher mich behandelte, ist ein Spezialist auf dem Gebiet. Er hat mit Kinesiologie die erforderlichen Medikamente erfragt und auch die Menge, welche der Körper für die aktuelle Vergiftungsphase benötigt. Genauso für die Behandlung meiner Nervosität. Eine der ersten Fragen, welche der Heilpraktiker an meinen Körper stellte, war, ob ich krank oder gesund sein wolle. Genau deshalb führe ich diesen Absatz hier auf.

Es gibt viele Menschen, welche ihre Gedanken stets auf Krankheit lenken. Durch diese Gedanken verstärken bzw. verschlimmern sich deren Krankheiten. Sie wissen ja: „Dein Wille geschehe." Ihre Gedanken sind Ihre Wünsche. Wenn Sie sich lange genug Krankheit einreden, verankert sich dies in Ihrem Unterbewusstsein, wird als Wunsch ins Universum gesendet und verwirklicht.

Aber warum schreibe ich dies alles unter dem Thema „*Nahrung*"? Ich schreibe dies auch in vielen anderen Kapiteln, weil es immer um dasselbe geht, um „*Die Macht unserer Gedanken*".

Ich habe ja geschrieben, Sie sollen essen, was Ihnen schmeckt.

Wenn ich dies so schreibe, dann könnten viele Leser einwenden: „*Ich esse ja, was mir schmeckt*", und trotzdem werde ich immer dicker oder schlanker oder was auch immer. Genau, der Körper holt sich nämlich das, was er braucht, um Ihre Wünsche zu erfüllen. Ihre Wünsche, welche tief in Ihrem Unterbewußtsein verankert sind.

Wer sich dessen nicht bewusst wird, dem empfehle ich in jedem Fall viel Obst und Gemüse sowie viel Abwechslung in sonstigen Speisen. Dies ist immer gut und ist Ihnen sicher auch aus Zeitschriften und sonstigen Lektüren bekannt. Denn nicht jeder beschäftigt sich mit Themen, wie ich sie in diesem Buch beschreibe.

Dadurch, dass in den Nahrungsmittel in der heutigen Zeit zu wenig Nährstoffe vorhanden sind, empfehle ich zudem Nahrungsergänzungsmittel, die es überall zu kaufen gibt. Die mir wichtigsten Nahrungsergänzungsmittel sind Magnesium, Calcium, verschiedene Vitamine und Knoblauch. Dies kann aber für Sie ganz anders sein. Ich nehme auch immer wieder andere, um einfach meinem Körper etwas zusätzlich Gutes zu tun.

Sie wissen bereits, dass ich bei meiner täglichen Meditation unter anderem Gesundheit mit einbeziehe. Dadurch nimmt mein Körper auch nur die Stoffe auf, welche für mich gut sind.

Wenn Sie erst einmal Ihr Unterbewusstsein von Gesundheit überzeugt haben, dann kann Ihnen die Torte bei der nächsten Geburtstagsfeier, das leckere Eis im Strandcafé oder die Remoulade im Salat nichts mehr anhaben.

Es kommt, wie Sie es sich denken.

Wenn Sie jetzt einwenden, so ein Unsinn, dann wird es für Sie Unsinn sein. Ein Versuch kostet aber nichts und Sie werden erstaunt sein, welche Wirkung „*die Kraft Ihrer Gedanken*" hat.

Es liegt an Ihnen, was Sie aus diesem Wissen machen. Niemand kann Ihnen die Entscheidung abnehmen.

Außerdem, was würde die Pharmaindustrie machen, wenn alle gesund wären? Gönnen wir denen doch auch Ihr Dasein.

3.5 Glaube an die Göttlichkeit

Der Glaube versetzt Berge.

Warum hat Jesus Christus zu den Menschen, welche er anscheinend geheilt hat, gesagt: *„Euer Glaube hat Euch geholfen bzw. geheilt"*? Oder warum hat Jesus Christus zu seinen Jüngern auf dem Boot, welches in Seenot geriet und er dann die See beruhigte, worauf die Jünger fragten: *„Warum können wir das nicht?"*, gesagt *„Euer Glaube ist nicht stark genug"*?

Ich selbst habe in den letzten Jahren so viele Erlebnisse mit der Macht meiner Gedanken erlebt, wo ich auch sagen kann, der Glaube versetzt Berge. Oder die Macht unserer Gedanken versetzt Berge, wir müssen nur stark genug daran glauben. Wenn wir nicht glauben, dass das, was wir uns wünschen, auch erfüllt wird, dann ist dies auch so. Wie könnte es anders sein. Es ist ja dann unser Wunsch, dass dem nicht so sein soll.

Sie können glauben, was immer Sie wollen. Es wird so sein bzw. so eintreffen.

Wenn Sie einer bestimmten Glaubensvereinigung angehören, können Sie die vorgefertigten Gebete, Lieder und Sonstiges auswendig lernen. Das mag auch richtig sein. Jeder darf das tun, was er will. Jeder von uns hat seinen freien Willen. Das ist auch gut so. Ich finde es auch gut, dass es solche Einrichtungen gibt. Vielleicht wäre sonst die Welt noch viel brutaler, als sie durch unsere schlechten Gedanken bereits geworden ist. Die ganzen vorgefertigten Gebete richten sich doch glücklicherweise daran, dass wir eine positive Einstellung zu unserem Leben vor, während und nach unserem irdischen Dasein erlangen. Was ich selbst nicht verstehen kann ist, warum es die heiligen Kriege gibt. Die verantwortlichen Menschen für Kriege verstehen wohl alle nicht die Worte Jesus Christus und anderer Propheten. Ich kenne keinen Propheten, welcher im Vordergrund jeder Glaubensrichtung steht, der für Kriege war oder Kriege anzetteln wollte.

Es gibt wohl überall schwarze Schafe und Menschen, denen für die Macht über andere Menschen und Länder jedes Mittel recht ist. Dies können wir nicht verhindern. Wir müssen uns nur in acht nehmen, dass wir nicht so werden. Wir wünschen uns ein glückliches Leben, sonst würden Sie dieses Buch nicht lesen, und dies können wir auch haben.

Was ich Ihnen am meisten empfehlen möchte und Ihnen ans Herz legen will ist, dass Sie an sich selbst und an Ihre innere Göttlichkeit glauben. Die innere Göttlichkeit in jedem von uns ist die Macht, welche uns in allen Lebenslagen das bietet, was wir uns wünschen.

Wann glauben die meisten Menschen an einen Gott?

Sie flehen Gott an, wenn es ihnen gerade schlecht geht und dann wollen sie Hilfe. Oder sie sagen: „*Warum hilft er mir denn nicht?*" Dabei hat er ihnen doch geholfen. Er hat die negativen Gedanken und Wünsche eingelöst. Wenn es den Menschen gut geht, vergessen sie oft Gott. Es ist ja alles in Ordnung. Aber gerade da ist es notwendig, dass wir dankbar sind. Durch Dankbarkeit für alles, was uns gutes widerfährt, verstärkt sich das Gute in uns und wir erfahren immer mehr von dem Guten. Ich danke jedem Sonnenstrahl und jedem Regen. Heute bekomme ich immer das Wetter, welches ich benötige. Wenn ich draußen im Freien bin, dann lächelt mich die Sonne an. Wenn ich wie jetzt gerade diese Zeilen schreibe, dann regnet es draußen für die Pflanzen, damit diese, wenn ich spazieren gehe, für mich aufblühen können.

Was glauben Sie?

Glauben Sie an „*die Macht Ihrer Gedanken*"? Ich kann Ihnen dazu nur gratulieren.

Der Glaube ist sehr wichtig, wenn Sie Ihr glückliches Leben genießen wollen. Wenn Sie nämlich nicht an die übersinnlichen Kräfte im Universum glauben, dann sind alle Anstrengungen, welche Sie mit den Übungen aus diesem Buch machen, völlig unsinnig. Sie denken dann im Unterbewusstsein genau das Gegenteil von dem, was Sie gerade erreichen wollen. Und was trifft dann ein? Genau das, was Sie in Ihrem Unterbewußtsein ins Universum senden. Sie ziehen das an, was Sie aussenden.

Wenn Sie Ihre täglichen Meditationen beginnen und zum Beispiel an die Worte LIEBE, DANKBARKEIT, FRIEDE, GESUNDHEIT, GLÜCK, ERFOLG, REICHTUM, WOHLSTAND, ÜBERFLUSS und evtl. sonstige positive Begriffe denken, dann müssen Sie daran glauben, dass diese Worte nicht nur Worte bleiben, sondern sich für Sie erfüllen.

Fazit: Freuen Sie sich auf die Erfüllung Ihrer Wünsche und verstärken Sie diese mit Ihrem Glauben an Ihre innere Göttlichkeit.

„Gott ist mit uns."

Manfred Bogenschuetz

3.6 Zusammenfassung des dritten Kapitels

In diesem dritten Kapitel haben wir die wichtigsten, lebensnotwendigen Dinge, welche unser Körper, unser Geist und unsere Seele benötigen, um ein Leben in Harmonie genießen zu können, kennengelernt.

Der menschliche Körper besteht zu fast 80 Prozent aus Wasser, welches wir ihm täglich zuführen sollten.

Nahrungsmittel und Nahrungsergänzungsmittel, welche unser Körper benötigt, sollten wir unserem Körper nicht erst gönnen, wenn er in Form von Hunger und Durst danach ruft, sondern täglich in angemessener Weise.

Bewegung braucht der Mensch. Ob beim täglichen Spaziergang oder durch Sport und Fitness, Bewegung ist für Körper, Geist und Seele gleichermaßen wichtig und gut.

Der Glaube versetzt Berge. Wir sollten glauben, dass alles, was unsere Gedanken als Wünsche ins Universum senden, auch erfüllt wird. Wenn wir nicht daran glauben, trifft auch dies ein und unsere Wünsche sind somit negiert.

Sicher gibt es noch viele weitere Lebensnotwendigkeiten. Vielleicht schreiben Sie auch einmal ein Buch über Ihre Erfahrungen zum Thema „Die Macht unserer Gedanken“. In Ihrem Buch sind dann sicher andere bzw. weitere Dinge als lebensnotwendig aufgeführt. Jeder hat seine eigene Wahrheit und wir können es nie Jedem recht machen. Ich freue mich, wenn Sie sich über Ihre lebensnotwendigen Dinge im Leben Gedanken machen und diese fördern.

Der Schlaf zum Beispiel. Wir verbringen ein Drittel unseres Lebens im Schlaf. Dabei regeneriert sich der Körper und bereitet sich auf den nächsten Tag vor. Über gesundes Schlafen gibt es im Internet viele Beiträge. An dieser Stelle kann ich jedem nur empfehlen, sich ein gutes Bett und eine gute Matratze zuzulegen. Ein gesunder Schlafplatz ist ein Vermögen wert. So wie man sich bettet, so schläft man. Beratungen hierfür können Sie sich hierzu bei Feng Shui Berater und bei Menschen, welche Schlafplätze auf Störungen z.B. mit Wünschelruten, Pendel und ähnlichem ausmessen können, holen.

All diese Lebensnotwendigen Dinge sind für ein glückliches Leben und somit auch für eine glückliche Partnerschaft wichtig. Deshalb sind sie auch in all meinen Büchern in unterschiedlicher Ausführlichkeit beschrieben.

"Denke an Liebe.
Eine glückliche Partnerschaft beginnt mit unseren liebevollen Gedanken. Harmonie auf allen Ebenen ist Voraussetzung für Harmonie in unserer Partnerschaft.
Wie können wir andere glücklich machen wenn wir selbst nicht glücklich sind und umgekehrt, wie können wir erwarten, dass andere uns Lieben, wenn wir uns selbst und unser Leben nicht lieben."

Manfred Bogenschuetz

4 Alte Partnerprobleme lösen

Wir haben in den bisherigen Kapiteln die wichtigsten Punkte kennengelernt, welche für ein glückliches Leben notwendig sind.

Vieles davon ist meinen Lesern bereits aus meinen anderen Büchern bekannt. Ich habe die Kapitel, welche für ein ganzheitliches glückliches Leben notwendig sind übernommen und dem Thema Partnerschaft angepasst. Dies fand ich für notwendig, um das Buch auch für die neuen Leser verständlich zu machen, ohne dass sie ein anderes Buch von mir zur Verständlichkeit als Vorstufe benötigen.

In diesem Kapitel werden wir uns mit dem Thema einer glücklichen Partnerschaft befassen, indem wir erst einmal unsere alten Probleme in unserer Partnerschaft lösen. Dies ist eine wichtige Voraussetzung, um eine Verbesserung in unserer Partnerschaft umsetzen zu können.

Jeder hat eine andere Vergangenheit und mehr oder weniger Erfahrungen in seinen Partnerschaften gesammelt.

Es gibt viele mögliche Vergangenheiten, mit denen wir uns in Liebesbeziehungen herumschlagen können. Einige davon betrachten wir im weiteren Verlauf dieses Kapitels etwas näher.

In diesem Kapitel werden wir feststellen ob wir unsere Beziehung retten oder beenden wollen.

> # "Wer auf alten Problemen sitzt, immer wieder über dieselben Probleme rumnörgelt oder voller Hass ist, ist nicht offen für eine glückliche Partnerschaft. Mache Dich erst einmal frei!"

Manfred Bogenschütz

Bild 4:   Alte Probleme lösen, mit dem Partner reden

"Beginne ein ganz neues Leben. Lass alles los was bisher war und fange Heute ein Leben in Harmonie, Glück und Liebe an."

Manfred Bogenschuetz

4.1 Der/Die unglückliche

In unseren Lebensgemeinschaften gibt es viele Höhen und Tiefen. Wenn Sie eine Partnerschaft haben, wo sie unzufrieden und unglücklich sind, heißt das nicht dass Ihre Partnerschaft weiterhin unzufrieden und unglücklich verlaufen muss.

Viele Menschen haben eine unzufriedene und unglückliche Partnerschaft und glauben daher, dass ein glückliches Leben nicht möglich sei, zumindest für sie nicht. Das ist dann die beste Voraussetzung dafür, dass die Partnerschaft weiterhin unglücklich verläuft. Wir wissen ja, dass es so kommt wie wir es denken.

Je älter bzw. je erfahrener wir werden desto anspruchsvoller sind wir Menschen.

Warum sind viele Menschen unglücklich? Es gibt wohl tausende von unterschiedlichen Erfahrungen, die hierfür Ursache bieten. Es muß nicht an der Partnerschaft liegen. Vielleicht sind sie mit ihrem Job nicht zufrieden, vielleicht haben sie schlechte Erfahrungen in der Kindheit durchlaufen oder sonstige schlechte Erfahrungen gesammelt. Aus diesem Grund sind die ersten Kapitel dieses Buches aufgeführt. Wir müssen rundum glücklich sein und uns selbst lieben sowie alles akzeptieren, was bisher unser Leben prägte.

Fehler, die wir gemacht haben sollten wir genauso als Lerneffekt annehmen wie die von Anderen verursachten schlechten Dinge, welche uns angeblich angetan wurden. Alles was bis Heute passiert ist, hat seinen Sinn. Wir haben es angezogen um daraus zu lernen.

Um ein glückliches Leben sowohl allgemein als auch mit unserem Lebenspartner führen zu können, müssen wir unsere Vergangenheit verstehen, akzeptieren und lieben.

Viele unserer negativen Erfahrungen in unserer Partnerschaft sind nur Kleinigkeiten, welche uns an unserem Partner nicht gefallen. Die offene Zahnpasta, welche der Partner immer wieder vergisst zu verschließen. Die Klamotten, welche über dem Sessel hängen anstatt aufgeräumt im Schrank. Die Wäsche, welche auf dem Boden liegt anstatt im Wäschekorb. Die Hektik welche der Partner an den Tag legt. Die Unpünktlichkeit oder auch die Überpünktlichkeit. Was ist bei Ihnen das Problem über welches Sie sich ärgern? Auch Kleinigkeiten? Viele Kleinigkeiten?

Ja, solche vielen Kleinigkeiten können einen schon zum Wahnsinn treiben, aber waren diese Kleinigkeiten nicht schon immer vorhanden? Obwohl dem wahrscheinlich so ist, haben Sie sich in Ihrer Verliebtheit zu Anfang Ihrer Beziehung kaum darüber aufgeregt. Sie waren ja verliebt. Aber warum sollte das Heute anders sein? Seien Sie doch einfach wieder verliebt.

Sicher gibt es auch größere Probleme in unserer Partnerschaft aber können diese nicht genauso gelöst werden?

Wir müssen vielleicht feststellen, dass unsere Hobbies, Interessen oder Eigenschaften nicht zusammen passen, wurden vielleicht enttäuscht, weil unser Partner Dinge tat, welche uns verletzt haben oder was auch immer.

Oft sehen wir an unserem Gegenüber allerdings auch Dinge, welche wir selbst falsch machen. So eine Art Spiegelbild. Denn wir ziehen Gleiches an, das ist vergleichbar mit dem Gesetzt der Resonanz. Wenn wir zum Beispiel selbst ein wenig unpünktlich sind kann es sein, dass unser Partner extrem unpünktlich ist. Wenn wir zum Beispiel gerne ein wenig Alkohol trinken kann es sein dass unser Partner Alkoholiker ist bzw. war. Dieses Phänomen ist dann oft überproportional vorhanden, so dass es uns dann extrem stört.

Alles hat seine Ursache in unserem früheren Denken und deshalb sollten wir Heute für Morgen denken. Das heißt, altes verzeihen, akzeptieren und lieben und uns über die Zukunft positive Gedanken machen.

Dann sind wir bereit für eine glückliche Zukunft.

Ich kenne viele Menschen, die nicht mit ihrem alten Leben und ihren Fehlern in deren Partnerschaft abschließen können bzw. wollen. Sie fragen mich um Rat aber wollen nicht glauben, dass dieser Schritt des Abschließens mit negativen Erfahrungen wichtig ist. Dann weiß ich schon im Voraus, dass sie genau das Gegenteil von dem tun, was ich ihnen rate. Wenn auch Sie so denken, dann brauchen Sie dieses Buch nicht weiter lesen. Es wäre reine Zeitverschwendung. Klappen Sie dann das Buch zu und schenken Sie Es jemand, der in einer ähnlichen Situation ist wie Sie.

Die weiteren Schritte zu einer glücklichen Partnerschaft hängen also stark davon ab, dass Sie Ihr Unglücklichsein beenden.

„Beende Heute Dein Unglücklichsein.“

Manfred Bogenschuetz

4.2   Der/Die Betrogene

In vielen Partnerschaften gibt es Probleme im Zusammenhang mit Betrug. Auch wenn es andere Formen von Betrug gibt, nehme ich hier als Beispiel das Fremdgehen. Andere Betrugsarten wie das Verschweigen wichtiger Informationen oder sonstiges, was für Sie Betrug darstellt, können Sie sicher selbst auf dieses Beispiel übertragen.

Sollte es in Ihrer Partnerschaft ebenfalls der Fall sein, wird es nur ein kleiner Trost für Sie sein, dass Sie also nicht allein mit dieser Situation zu kämpfen haben.

Sie stehen oder standen vielleicht vor der Entscheidung, ob Sie die Beziehung beenden oder ob Sie mit der Tatsache, dass Ihr Partner Sie betrügt bzw. betrogen hat, weiterhin die Beziehung aufrecht erhalten sollen.

Niemand kann Ihnen diese Entscheidung abnehmen. Jeder Mensch ist anders und kann mit einer solchen Situation besser oder schlechter umgehen.

Warum gehen Menschen fremd? Ist der fremdgehende Teil der allein Schuldige? Meist war vor dem Fremdgehen in der Partnerschaft bereits etwas faul wofür beide Teile wohl mehr oder weniger verantwortlich sind. Vielleicht hat in der Partnerschaft etwas gefehlt, was der Fremdgänger in einer Affäre gesucht hat. Vielleicht wurde der Fremdgänger zum Fremdgehen überrumpelt und hat ohne dass er es eigentlich wollte, einfach mitgemacht und bereut den Vorfall bereits. Vielleicht hat sich der Fremdgänger auch neu verliebt und will Sie bereits verlassen. Es gibt viele Gründe für ein Fremdgehen.

Was in Ihrem Fall das Problem ist wissen vielleicht nicht einmal Sie selbst genau.

Sind Sie und Ihr Partner für einen Neubeginn bereit?

Möchte Ihr Partner Ihre Partnerschaft aufrecht erhalten? Hat Ihr Partner Ihr Anliegen verstanden und wird sich dementsprechend in Zukunft verhalten wollen? Vielleicht möchten Sie dass Ihr Partner die Affäre aufgibt. Vielleicht macht es Ihnen aber auch gar nicht so viel aus, wenn Ihr Partner weiterhin eine Affäre hat und Sie wünschen sich nur, dass Sie weiterhin an erster Stelle bzw. als Partner stehen. Auch hier gehen die Meinungen weit auseinander.

Was wünschen Sie sich von Ihrem Partner? Kennt Ihr Partner Ihre Bedürfnisse? Kennen Sie die Bedürfnisse Ihres Partners und wollen Sie diese mit Ihm leben? Können Sie mit der Situation leben, dass Ihr Partner fremd ging?

Auch diese Frage können nur Sie selbst beantworten. Aus eigener Erfahrung weiß ich, dass es den meisten Menschen schwer fällt, ein Fremdgehen des Partners zu verzeihen bzw. zu vergeben und am schwersten, es zu vergessen.

Wenn ein Fremdgehen nicht von Herzen verziehen und vergeben wurde taucht dieses Thema immer wieder bei Streitigkeiten über Kleinigkeiten auf und macht jeden Streit schlimmer.

Sprechen Sie daher mit Ihrem Partner über Ihre Bedürfnisse und fragen Sie ob er genau so darüber denkt wie Sie. Sie müssen sich einig sein. Nicht Ihre Freunde, Verwandten und Bekannten, nein, nur Sie und Ihr Partner.

Werden Sie sich in Ihrem eigenen Interesse klar darüber, was Sie wollen und wie Ihre Partnerschaft künftig sein soll.

Wenn Sie nicht damit leben können beenden Sie die Beziehung und ziehen sie die Trennung nicht unnütz um Jahre hinaus. Eine Trennung wird Ihnen das Leben aber nicht unbedingt verbessern, denn, wissen Sie ob Ihr nächster Partner Ihnen Treu ist? Sie haben die Situation angezogen also können Sie sich die gleiche Situation auch wieder in Ihr Leben holen.

Suchen Sie nach der Ursache für das Fremdgehen. Geben Sie weder sich selbst noch Ihrem Partner die alleinige Schuld. Wenn Ihnen die Ursache bekannt ist, lernen Sie daraus.

Wenn Sie Ihre Partnerschaft beibehalten wollen, wovon ich ausgehe, sonst würden Sie dieses Buch nicht lesen, dann verzeihen und vergeben Sie Ihrem Partner und lassen Sie die vergangene Zeit, an der Sie ohnehin nichts mehr ändern können, für immer ruhen. Reden Sie ein letztes Mal mit Ihrem Partner über Ihre gemeinsame Vereinbarung und vertrauen Sie Ihrem Partner, dass er sich an die Abmachung hält. Wenn Sie ständig daran zweifeln und dadurch vielleicht krankhaft eifersüchtig werden, dann ziehen Sie ein weiteres Fremdgehen unweigerlich an.

Schauen Sie in die Zukunft mit Liebe und Dankbarkeit.

Wenn Sie der Fremdgänger sind und Ihr Partner entgegen Ihrem Wunsch nicht davon loslassen kann, zeigen Sie Ihm dieses Kapitel und dass Sie sich seine Liebe wünschen. Senden Sie Liebe und Dankbarkeit.

„Vergebung und Verzeihung muß von Herzen kommen."

Manfred Bogenschütz

4.3 Der/Die von Gewalt geplagte

In vielen Partnerschaften herrscht Gewalt.

Zwar sind häufiger die Frauen von Gewalt in der Partnerschaft geplagt aber es gibt auch Männer, welche von Ihren Frauen gepeinigt werden.

Wenn Sie in einer solchen Partnerschaft leben, kann ich Ihnen leider nicht gratulieren aber die Hoffnung auf Besserung ist nicht aussichtslos. Sie müssen aber daran Glauben.

Der Gewalttätige einer Partnerschaft droht oft mit Mord oder sonstigen Gewaltakten, sollte sich der Andere von Ihm trennen wollen oder ihn zur Anzeige bringen. Sicher gab es in der Vergangenheit tatsächlich Morde aus Eifersucht usw. aber meist sind solche Drohungen nur Schwächebeweise und leere Versprechungen. Deshalb kann die Polizei auch solche Drohungen erst verfolgen, wenn tatkräftige Beweise, sprich Taten sichtbar bzw. auf frischer Tat, vorhanden sind.

Sollten Sie noch in einer solchen von Gewalt geplagten Partnerschaft stecken, dann empfehle ich Ihnen, sich erst einmal Gedanken zu machen, was Sie tatsächlich wollen. Wollen Sie die Beziehung retten oder wollen Sie die Beziehung beenden. Wenn Sie die Beziehung retten wollen, dann steht Ihnen mein Rat in diesem Buch zur Verfügung.

Wenn Sie zum Schluss kommen, dass Sie die Beziehung beenden wollen, dann suchen Sie sich Freunde, die Ihnen bei der Trennung zur Seite stehen oder holen Sie sich Rat bei Experten, damit Sie bei der Trennung nicht allein da stehen.

Was ich Ihnen bei jeder Trennung rate ist, dass Sie sich keinen neuen Partner zulegen, bis die Trennung gänzlich vollzogen ist. Viele unglückliche Partner ziehen eine Trennung Jahre hinaus und trennen sich erst, wenn sie dann schließlich bereits einen potenziellen neuen Partner kennengelernt haben. Eine solche neue Beziehung hat meist wenig Erfolgschancen. Der neue Partner steht dann als Sündenbock für das Scheitern der alten Beziehung da, obwohl er überhaupt nichts dafür kann, dass die Beziehung bereits Jahrelang gescheitert war. Der neue Partner ist vielleicht gar nicht der geeignete, passende neue Partner sondern dient nur als Sprungbrett aus der alten Beziehung heraus. Der neue Partner ist genauso der Gefahr von Gewalt ausgesetzt wie der von Gewalt geplagte selbst, und das obwohl ihn keine Schuld trifft. Eine Trennung ist in jedem Fall besser im gegenseitigen

Einvernehmen durchzuführen, wenn keiner der beiden Partner eine neue Beziehung hat.

Ich möchte Sie keineswegs von einer bestehenden Beziehung abbringen und gehe in diesem Buch davon aus, dass Sie Ihre Beziehung retten wollen, sonst würden Sie eher mein Buch *„Wie finde ich meinen passenden Lebenspartner"* aus dieser Buchserie *„Liebes Universum"* lesen.

In diesem Kapitel gehe ich davon aus, dass Sie von Ihrem Partner mit Gewalt geplagt wurden. Nun folgt ein wichtiger Schritt.

Auch wenn Ihnen viel Leid angetan wurde, akzeptieren Sie die vergangene Zeit wie sie war. Vielleicht wollte Ihre Seele die Erfahrung machen um etwas zu lernen. Lernen Sie also einfach daraus. Lieben Sie sich und vergeben Sie Ihrem Partner, der Ihnen vielleicht über Jahre hinweg durch Gewalt weh getan hat. Bereuen Sie auch Ihre Fehler. Senden Sie Ihrem Partner immer wieder von ganzem Herzen Liebe und Dankbarkeit. Das kann bei einer Meditation geschehen.

Ich weiß, dass dieses Vergeben, Bereuen und Senden von Liebe und Dankbarkeit einem bisher nicht sonderbar liebvollen Menschen nicht gerade einfach erscheint, aber es ist für Ihr künftiges Leben, und nur für Ihres, sehr wichtig.

Wenn immer wieder Hass oder negative Gedanken aufkommen, sagen Sie einfach, *„Friede sei mit …"*. Wenn diese Liebe und Dankbarkeit, Vergebung und Reue von Herzen kommen, dann wird es Ihnen gelingen, Ihre Liebesbeziehung zu verbessern.

Sollte es weiterhin zu Gewalt in Ihrer Beziehung kommen, dann scheuen Sie sich nicht, professionelle Hilfe in Anspruch zu nehmen. Zeigen Sie Ihrem Partner keine Angst und Untergebenheit sondern Ihre Liebe und Ihr Bedürfnis für eine glückliche Beziehung in Harmonie und Frieden.

„Gewalt zeigt nicht Stärke sondern Schwäche."

Manfred Bogenschütz

4.4 Sonstige Partnerprobleme

Es gibt noch viele Probleme, die wir hier vergessen haben zu behandeln.

Vielleicht sind es Probleme mit Ihren gemeinsamen Kindern. Nehmen Sie Ihre Kinder, wenn sie alt genug sind, mit in ein gemeinsames Gespräch und versuchen Sie, eine gemeinsame Vereinbarung für ihre Probleme zu finden. Die Erziehung ist oft von gegenseitigen Meinungen geplagt und wenn die Kinder die unterschiedlichen Auffassungen der Eltern kennen, dann können sie diese auch besser verstehen und akzeptieren. Reden Sie mit allen Beteiligten über Ihre Erkenntnis aus diesem Buch und versuchen Sie allen Beteiligten die Wichtigkeit von positivem Denken zu vermitteln. Seien Sie Vorbild und denken Sie bei Ihrer täglichen Meditation an Ihre Familie und senden allen Beteiligten Liebe und Dankbarkeit.

Vielleicht haben Sie finanzielle Probleme, welche Ihre Partnerschaft belasten. Oft ist es sogar so, dass finanzielle Probleme eine Partnerschaft zusammenhalten, weil sich die Partner gegenseitig brauchen und verpflichtet fühlen. Also kann es sein, dass es Ihnen finanziell zu gut geht. Ich kenne Menschen, die viele Jahre eine beispielhafte Liebesbeziehung pflegten und als sie dann verheiratet waren und ein gemeinsames Haus gebaut hatten, sich nach kurzer Zeit wieder trennten. Natürlich kenne ich die wirklichen Hintergründe nicht aber ging es ihnen wohl zu gut?

Genauso gibt es Paare, welche Partnerschaftsprobleme hatten und dachten, gemeinsame Kinder würden die Probleme lösen. Das geht oft schief, denn die Probleme werden durch Kinder nicht weniger, in den meisten Fällen eher größer. Es gibt kein Geheimrezept. Auch hier kenne ich Paare, welche ihre Ehekrise durch ein gemeinsames Kind bewältigten. Trotzdem empfehle ich niemand in einer Krise Kinder zu zeugen. Bewältigen Sie erst Ihre Probleme damit auch die Kinder in einer glücklichen Familie aufwachsen können.

Dasselbe kann ich ebenfalls für die Ehe empfehlen. Eine Ehe rettet keine defekte Liebesbeziehung.

Nun kommen noch die Eltern beider Partner. Auch hier gibt es oft Probleme. Sei es nun, weil die Eltern in Ihrer Beziehung mitreden wollen, ob Sie vielleicht in einer gemeinsamen Wohnung wohnen oder ob ein Elternteil zur Pflege in Ihrem Haushalt lebt. Leben Sie Ihr Leben so wie Sie es für richtig halten. Sie können es nie Allen recht machen. Reden Sie mit Ihrem Partner über Ihre Probleme und suchen Sie eine gemeinsame Vereinbarung. Reden Sie ggf. wie oben zum Thema „Kinder" beschrieben mit Ihren Eltern bzw.

Schwiegereltern. Beziehen Sie alle in ihre Vereinbarung mit ein und seien Sie Vorbild indem Sie allen Liebe und Dankbarkeit senden.

Nun kommt noch das Problem, dass Sie Ihren Partner lieben aber keine Liebe von Ihrem Partner mehr erwidert wird. Möglicherweise möchte sich Ihr Partner sogar von Ihnen trennen. Auch hier senden Sie Ihrem Partner bei Ihren Meditationen Liebe und Dankbarkeit. Ein bewährtes Mittel ist in einem solchen Fall auch Eifersucht. Machen Sie Ihren Partner eifersüchtig. Sie müssen ja nicht gleich fremdgehen. Das würden Sie später nur bereuen. Tun Sie einfach so, als ob Sie sich mit einem potentiellen Mitbewerber treffen würden, machen Sie sich schick, verändern Sie sich ein wenig, aber nur so, wie Sie sich auch wohl fühlen. Glauben Sie mir, das wirkt Wunder. Aber Sie müssen dabei bleiben und nicht gleich zugestehen, dass dies nur eine Show ist bzw. war. Probieren Sie es aus. Ich habe dies schon mehreren Freunden empfohlen wenn Sie bereits in einer ernsten Krise oder gar in einer Trennung steckten. Wer so gehandelt hat, hatte beste Chancen für einen Neubeginn. Aber ich habe auch erlebt, wie Andere diesen Rat ignoriert haben und Mitleid erweckend alles Mögliche versucht haben, ihren Partner zurück zu gewinnen. Zwecklos und mit viel Mühe, da zeigen Sie nur Schwäche und wer schwach ist ist weniger interessant.

Vielleicht haben Sie ein Partnerproblem, welches hier nicht beschrieben ist. Wenn Sie denken, es sollte mit in dieses Buch aufgenommen werden, dann schreiben Sie mir. Sie können das Problem wie alle Probleme, welche ich hier beschrieben habe, behandeln. Vergebung und Verzeihung, Ursache und Lösung finden sowie Liebe und Dankbarkeit senden ist der Schlüssel für alle Probleme.

„Nehmen Sie Ihre Probleme als Herausforderung an.“

Manfred Bogenschütz

4.5   Zusammenfassung des vierten Kapitels

In diesem Kapitel haben wir erfahren, dass wir mit unseren bisherigen Partnerproblemen abschließen müssen, um eine glückliche Zukunft mit unserem Partner verbringen zu können.

Ob wir nun einfach unglücklich in unserer Beziehung sind, ob wir der Gewalt bzw. Betrug unseres Partners unterlegen sind oder ob wir andere Partnerprobleme haben, spielt dabei keine Rolle.

Jeder von uns hat eine andere Vergangenheit.

Positive Erfahrungen sind gut für unsere Seele und unser Gleichgewicht.

Negative Erfahrungen müssen wir akzeptieren und daraus lernen. Dazu sind wir auf dieser Erde.

Wir müssen negativen Erfahrungen Danken und Menschen, welche uns etwas Negatives angetan haben verzeihen. Wir sollten auch diesen Menschen von Herzen Liebe und Dankbarkeit schenken, denn dies befreit unsere Seele und macht uns frei für eine glückliche Zukunft.

Wer mit seinen negativen Erfahrungen nicht abschließen kann, legt sich selbst Steine in den Weg für eine glückliche Zukunft.

Wir können niemand anderen Helfen und auch niemand Anderen für unser Unglücklichsein verantwortlich machen, sondern alles was wir tun kommt uns selbst zu Gute bzw. schadet uns nur selbst. Das ist das Gesetz von Aktion=Reaktion.

Vergangenes haben wir mit unseren vergangenen Gedanken verursacht, künftiges verursachen wir mit unseren Gedanken von Heute.

Unser Denken und Handeln und unser Vertrauen darauf, dass wir die Eigenschaften unseres Partners mit unseren Gedanken automatisch anziehen, ist mit dem Gesetz der Resonanz vergleichbar.

Durch die Veränderung unserer Gedanken können wir das Verhalten unseres Partners bzw. unsere Ansicht darüber so ändern, wie wir es uns wünschen.

Wie wir uns unsere Liebesbeziehung vorstellen und wie wir uns diese Beziehung im Universum wünschen können als dass uns das Universum dabei hilft, unseren Partner unseren Wünschen anzupassen, das sehen wir in den kommenden Kapiteln.

Also egal was die Vergangenheit uns beschert hat, ab Heute schauen wir nach vorne in die Zukunft.

Lassen Sie die Vergangenheit ruhen und wagen Sie einen Neubeginn. Die wenigen Schritte dafür kosten nichts und ich kann Ihnen versichern, es lohnt sich allemal.

Es wurde auch verdeutlicht, dass nicht alle Partnerprobleme aufgeführt werden können, da jeder Mensch andere Probleme hat. Aber für jedes Problem ist der Schlüssel Vergebung und Verzeihung, Ursache und Lösung finden sowie Liebe und Dankbarkeit senden.

„Freue Dich auf eine Zukunft in Harmonie und Glück. Das irdische Leben ist zu kurz um sich über Vergangenes zu ärgern und sich damit der Liebe zu verschließen. Wir Menschen sind für eine glückliche Zweisamkeit geboren und verdienen Liebe, Freude und Glück."

Manfred Bogenschütz

5 Die Eigenschaften meines Lebenspartners

Jeder Mensch hat andere Vorstellungen von seinem Lebenspartner und das ist auch gut so.

Nachdem Sie sich nun frei gemacht haben von früheren Beziehungsproblemen suchen wir nach den Eigenschaften, welche Sie von Ihrem Partner erwarten. Dabei betrachten wir vor allem Ihre Interessen denn Sie wollen ja dass diese mit denen Ihres Partners harmonieren.

Wir wissen nun auch, dass wir für ein glückliches Leben mit unserem Partner auch sonst rundum glücklich sein sollten. Deshalb empfehle ich Ihnen täglich über positive Begriffe wie *„Liebe"*, *„Dankbarkeit"*, *„Friede"*, *„Glück"* und was Ihnen sonst noch wichtig ist, zu meditieren. Malen Sie sich die Begriffe mit Ihren Wunschvorstellungen aus und wünschen Sie sich selbst und dem Rest der Welt nur noch Gutes.

Damit schaffen Sie sich selbst positive Gedanken und vertreiben negative Gedanken aus Ihrem Gedächtnis. Jeder von uns hat mehr oder weniger negative Gedanken und Sie werden, wenn Sie sich mit diesem Thema neu befassen, feststellen, wie viele solche negativen Gedanken in uns verankert sind. Diese werden aber mit Ihren Meditationen über positive Dinge immer mehr abnehmen.

In diesem Kapitel befassen wir uns nun mit Ihren gemeinsamen Eigenschaften. Sie können dazu Notizen machen, denn schriftlich festgelegtes verankert sich besser in Ihrem Unterbewußtsein und genau da gehört es hin. Ihr Unterbewußtsein muß wissen, was Sie wollen, dann wird es automatisch als Wunsch ans Universum gesendet und verwirklicht. Deshalb dürfen in Ihrem Unterbewußtsein keine negativen Gedanken mehr vorhanden sein denn sonst werden auch diese verwirklicht. Wenn Sie sich über Eigenschaften von irgendwelchen Personen, sei es Ihr Partner oder wer auch immer, ärgern, werden Sie auch diese Eigenschaften bei Ihrem Partner anziehen und antreffen. Es ist ja Ihr Wunsch, oder?

Ich finde es schon sehr genial, wie das Universum arbeitet. Wir denken etwas, ob gut oder schlecht, und ziehen diese Dinge dann automatisch an. Ist das nicht toll? Vielleicht haben Sie nun den Einwand, *„ich finde es gar nicht toll, dass mein Partner seine Wäsche und sein Geschirr nicht aufräumt"*, aber waren dies nicht schon vorher Ihre Nörgeleien an ihm, Ihren Geschwistern oder waren vielleicht Sie selbst früher in geringem Maße so und wurde an Ihnen rum genörgelt? Alles hat seine Ursache in uns selbst und alles hat seinen Sinn.

Weil wir uns nun aber Ihre glückliche Partnerschaft wünschen, ändern wir unsere Meinung und unsere Gedanken dahingehend, dass wir uns erst einmal genau überlegen, wie unsere Partnerschaft sein sollte. Denken Sie dabei nicht, wie Ihr Partner nicht sein soll denn das Universum kennt die Worte *„nicht"* usw. also Verneinungen nicht. Drücken Sie alles im positiven Sinne aus.

Wenn Sie sich nun also wünschen dass Ihr Partner das Rauchen aufgibt, dann wünschen Sie sich nicht dass er nicht mehr raucht sondern stellen Sie sich Ihn einfach als Nichtraucher vor oder lassen Sie diesen Wunsch einfach ganz weg und nörgeln auch nicht über andere Raucher.

Wenn Sie sich wünschen dass Ihr Partner liebevoller sein sollte dann denken Sie nicht daran dass er keine Gewalt an Ihnen ausübt und nicht grob zu Ihnen ist sondern wie er Ihnen Liebe und Zuneigung schenkt.

Ich glaube Sie verstehen was ich meine.

Bevor wir auf die verschiedenen Eigenschaften eingehen möchte ich noch etwas über unsere Tagesform berichten. Jeder hat seine Hochs und Tiefs. Wir können nicht immer gut gelaunt sein. Lassen Sie Ihrem Partner seine Launen, wenn er mal nicht so gut drauf ist. Vielleicht geben Sie Ihm einfach einen Tag Zeit, dann wird sich seine schlechte Laune wieder verbessern. Das sind keine Partnerprobleme sondern einfach nur Zeiten, die Jeder für sich selbst braucht. Männer und Frauen sind hierbei unterschiedlich. Männer brauchen eher den Rückzug und das Alleinsein um eigene Probleme zu lösen. Frauen wünschen sich eher ein offenes Ohr, jemand der ihnen zuhört. Aber Vorsicht, Frauen wollen keine Lösungsvorschläge sondern nur einen Zuhörer. Also liebe Männer, keine *„gut gemeinten Ratschläge"* an Frauen außer sie fordern diese ausdrücklich.

„Gemeinsame Interessen und Hobbies verbinden. Aber Jeder braucht auch seinen Freiraum."

Manfred Bogenschütz

5.1 Gemeinsame Interessen

Nun kommen wir erst einmal zu den Interessen. Wenn unsere Hauptinteressen zu weit voneinander abweichen, dann steht es schlecht für unsere Beziehung.

Wenn wir unsere eigenen Interessen erst gar nicht kennen, woher soll dann das Universum wissen, welche Interessen unser Partner haben soll? Viele Menschen gehen planlos durch die Welt. Sie wissen nicht, was sie gerne arbeiten, welche Hobbies sie gerne ausüben und was sie alles in ihrem irdischen Dasein erreichen wollen.

An dieser Stelle empfehle ich Ihnen, Ihre Ziele aufzuschreiben und immer wieder zu überarbeiten. Ziele welche Heute für Sie höchste Priorität haben sind Morgen vielleicht gar nicht mehr so wichtig. Ihre Ziele sind Ihre Interessen und bedürfen daher Ihrer Aufmerksamkeit. Damit sich Ihre Ziele in Ihrem Unterbewußtsein besser verankern können hängen Sie sich Ihre Zielliste sichtbar an Ihre Pinwand. Dies nennt man Visualisierung. Ihr Unterbewußtsein kann es durch tägliche Wahrnehmung besser aufnehmen und Sie werden automatisch Eingebungen vom Universum erhalten, welche Sie Ihren Zielen näher bringen.

Wenn Sie sich zum Beispiel ein Eigenheim wünschen, egal ob Heute, in ein paar Jahren oder erst im Rentenalter, dann ist das ein Ziel, Ihr Interesse. Dieses Interesse gehört in Ihr Unterbewußtsein, also auch auf Ihre Zielliste und Sie sollten auch daran denken und glauben, dass Sie es besitzen werden, am besten so als hätten Sie es bereits. Stellen Sie sich das Ziel zusammen mit Ihrem Partner vor, wenn Sie es gemeinsam erreichen möchten. Mit einem solchen Interesse wird Ihnen das Universum helfen, dass Sie es auch gemeinsam erreichen können.

Wenn Sie gerne gemütlich und gut Essen gehen, dann hängen Sie keine Bilder von Fast-Food-Commics an Ihre Pinwand sondern z.B. ein Bild von einem romantischen Candle-Light-Dinner mit Ihrem Partner zusammen.

Wenn Sie sich wünschen dass Sie beruflich mit Ihrem Partner zusammenarbeiten, hängen Sie Ihre Abschluss-Zeugnisse und Zertifikate anerkennend mit denen Ihres Partners an eine Wand.

Es gibt natürlich noch viele Eigenschaften, Interessen, welche Sie in Ihrer Zielliste aufnehmen und visualisieren können. Ich möchte ja, dass Sie Ihre Interessen und Eigenschaften aufnehmen und nicht von mir eine vorgefertigte Liste übernehmen, welche dann nicht zu Ihnen passt. Lassen Sie Ihrer

Kreativität freien Lauf und nehmen Sie nur das auf, womit Sie sich auch identifizieren können. Sie müssen selbst zu Ihren Zielen stehen. Die Ziele dürfen gerne etwas größer sein aber doch so realistisch, dass Sie an die Realisierung glauben. Sie wissen ja, *„Der Glaube versetzt Berge"*.

Ihren Wünschen und Zielen sind also keine Grenzen gesetzt außer Sie setzen diese Grenzen durch Ihren Glauben selbst fest.

Nehmen Sie alle Ihre Interessen in Ihre Zielliste auf, welche Sie gerne mit Ihrem Partner erreichen möchten.

Bei diesem Kapitel geht es noch nicht darum, dass Sie die Interessen Ihres Partners bestellen, sondern es geht um Ihre Interessen, damit diese später vom Universum mit denen Ihres Partners harmonisiert werden können.

Die passenden Interessen Ihres Partners bestellen wir erst später.

Bild 5:   Gemeinsamer Kamelritt durch die Wüste

5.2   *Gemeinsame Hobbies*

Auch Hobbies sind Interessen jedoch geht es hier mehr um die Freizeit und diese Freizeit wollen Sie sicher zum Teil mit Ihrem Partner verbringen.

Ich kenne natürlich auch Menschen, welche Ihre Hobbies nicht mit Ihrem Partner verbringen möchten sondern abseits der Beziehung mit Seinen Kumpels bzw. Ihren besten Freundinnen.

So wie Sie es denken wird es kommen.

Aber Vorsicht. Es könnte sein, dass Sie gerne ab und zu nur allein ausgehen wollten und Sie dann aber feststellen müssen, dass Ihr Partner noch mehr ohne Sie weggeht. Alles kommt geballt auf uns zurück.

Jeder Mensch hat auch hier wohl eine andere Vorstellung von einer harmonischen Beziehung. Ich möchte hier meine Meinung kund tun.

Hobbies, welche viel Zeit in Anspruch nehmen und wo sich die Teilnehmer näher kommen wie Tanzen, Discobesuche, Sportaktivitäten welche mehrere Tage mit Übernachtungen in Anspruch nehmen, usw. sind für mich Hobbies, welche besser geeignet sind, wenn beide Partner gemeinsam teilnehmen können.

Aber wie gesagt, jeder hat seinen eigenen Willen und ich möchte niemanden von seinem freien Willen abbringen.

Stellen Sie sich Ihre Hobbies so vor, wie Sie diese gerne verbringen möchten. Vielleicht stellen Sie diese auch auf Ihre Ziel liste unter zwei Kategorien, mit und ohne Partner. Malen Sie sich Ihre Hobbies detailliert aus. Z.B. ein Bild von Ihrem Kegelclub, Ihrem Stammtisch oder was auch immer. Wenn Sie möchten, dass Ihr Partner mit dabei ist, sollte möglichst neben Ihnen ein Platz frei sein oder Ihr Partner neben Ihnen sitzen. Dieses Bild symbolisiert dann Ihren Wunsch auf gemeinsame Unternehmungen.

Auch hier geht es um Ihre Hobbies bzw. die Hobbies welche Sie gemeinsam mit Ihrem Partner ausüben möchten.

Denken Sie nicht an Hobbies, welche nicht zu Ihnen passen. Wenn Sie z.B. stets denken, dass Ihr Partner gut tanzen kann und oft ohne Sie tanzen geht was Ihnen gar nicht zusagt, dann wird Ihr Partner immer besser tanzen und zunehmend immer mehr ohne Sie ausgehen, es ist ja Ihr Denken, also Ihr Wunsch.

Ich nenne hier immer wieder das Tanzen, weil ich selbst gerne tanze und ich solche Menschen zu genüge kennengelernt habe, also aus Erfahrung berichten kann. Dies gilt natürlich für jedes andere Hobby genauso.

Wir sollten uns stets um Hobbies bemühen, welche uns selbst Freude bereiten. Vielleicht können Sie sich ja auch für die Hobbies und Interessen Ihres Partners begeistern oder Ihr Partner für Ihre Hobbies und Interessen. Das macht aber nur Sinn wenn Sie beide es gern machen.

Betrachten Sie gedanklich die Situation, wie Sie die bisher gegensätzlichen Hobbies und Interessen gemeinsam gerne unternehmen und schauen Sie was passiert.

Jetzt geht es erst einmal um die Vorbereitungen auf eine glückliche Beziehung und daher um unsere Gedanken diesbezüglich. Später werden wir sehen, wie wir diese Wünsche im Universum bestellen.

Ich habe selbst bei meiner Ehe und verschiedenen Beziehungen die Erfahrung gemacht, dass ich und meine Partnerin zu wenig gemeinsame Hobbies und Interessen hatten. Das ging meist schief. Wenn wir dann begannen, auch nur hin und wieder getrennt solchen Hobbies nach zu gehen, ging es nicht allzu lange, bis meine Partnerinnen einen neuen Partner hatten. Natürlich traure ich solchen untreuen Partner nicht nach, diese haben mich nicht verdient. Aber wir wollen ja eine harmonische Beziehung und nicht eine Trennung herausfordern. Dieselben Probleme sah ich bei vielen anderen Paaren. Ich bin nun mehr als zwei Jahre mit meiner Partnerin Melitta zusammen und alle unsere Hobbies und Interessen sind gleich. Wir haben uns gewünscht und gefunden und ich kann nur sagen, dass gemeinsame Hobbies und Interessen uns immer mehr verbinden.

„Dein Hobby macht Dich glücklich.
Teile es und Dein Glück verdoppelt sich."

Manfred Bogenschütz

5.3 Wie sieht mein Partner aus?

Jeder hat so seine Vorstellung dessen, wie sein Partner aussehen sollte.

Sie haben Ihren Partner mit Ihren früheren Gedanken angezogen und lieben gelernt. Vielleicht hat sich Ihr Partner aber auch mit den Jahren verändert. Jeder verändert sich von Zeit zu Zeit.

Es kommt aber nicht auf das Aussehen an sondern auf die gegenseitige Sympathie, die Anziehung, die Resonanz. Wenn wir mit unserem Gegenüber auf derselben Wellenlänge sind, dann funktioniert es auch.

Sie können sich aber auch eine Veränderung Ihres Partners wünschen.

Denken Sie sich Ihren Partner so, wie Sie ihn gerne hätten. Lassen Sie aber dann von dem Wunsch los und akzeptieren Sie ihn so wie er ist. Nörgeln Sie nicht an seinem Aussehen oder Verhalten rum.

Wie soll nun Ihr Partner aussehen?

Schlanker, dicker, größer, kleiner, Waschbrettbauch oder Knuddelbär, , schwarzes oder blondes Haar?

Sie haben sicher Ihre Vorstellung und diese darf in Ihrem Unterbewußtsein wachsen.

Was Sie beachten sollten. Wenn Sie an anderen Menschen rumnörgeln, der eine ist zu dick, der andere ist ein Zwerg, wieder ein anderer ist wie ein Gammler angezogen usw., verankert sich auch dies in Ihrem Unterbewußtsein und wird in Gedanken ans Universum gesendet. Das Universum sorgt dann vielleicht gerade dafür, dass sich Ihr Partner dahingehend verändert, wollen Sie das?

Sicher nicht und gerade deshalb sollten Sie alle Menschen so akzeptieren wie Sie sind. Angefangen bei sich selbst. Wenn Sie sich selbst nicht akzeptieren und lieben, können Sie von niemand erwarten dass er Sie liebt. Betrachten Sie alle Menschen als Individuen und beurteilen Sie möglichst an jedem Menschen nur seine guten Seiten. Was Ihnen an jemand nicht gefällt ist vielleicht gerade das, was denjenigen für jemand Anderen attraktiv macht.

Erfreuen Sie sich an der Vielfalt von Menschen, denn ohne diese Vielfalt würde es vielleicht den Richtigen für Sie nicht geben.

Jesus sagte „*Sehet die Lilien, …*". Auch er hat alle Menschen, Tiere und Pflanzen so geliebt, wie sie waren.

Sie können sich Bilder von Ihren Idolen an die Wand hängen um Ihr Unterbewußtsein zu sensibilisieren und darauf aufmerksam zu machen, was

Sie sich für einen Partner wünschen. Vielleicht verändert dies Ihren Partner, ohne dass er von Ihrem Wunsch weiß.

Freuen Sie sich auf Ihren Partner und zeigen Sie ihm, was Ihnen an ihm besonders gefällt.

Ein kleines Lob wirkt Wunder.

Senden Sie positive Gedanken über andere Menschen aus und Ihnen wird Positives widerfahren.

Durch Ihre Gedanken ziehen Sie vergleichbar dem Gesetzt der Resonanz und dem Gesetzt der Anziehung das an, was in Ihrem Herzen verankert ist.

Aber wie gesagt, nicht drängen, nicht nörgeln, das würde genau das Gegenteil bewirken. Lob, positives Denken und Akzeptanz der momentanen Situation ist gefragt.

„Ein Lob wirkt Wunder. Haare können sich verfärben. Eine Figur kann durch positives Denken über Gesundheit sowie durch Sport positiv verändert werden. Was wünschen Sie sich?"

Manfred Bogenschütz

5.4 Der Beruf meines Partners

Vielleicht sind Sie in einem Beruf tätig, wo Sie sich gerne einen Partner wünschen, welcher eine ähnliche Arbeit ausübt. Vielleicht möchten Sie mit Ihrem Partner gerne zusammen arbeiten. Vielleicht aber suchen Sie einen Ausgleich indem Sie dies gerade nicht wünschen.

Vielleicht kommt Ihr Partner oft spät von der Arbeit nach Hause oder ist öfter über einen längeren Zeitraum von zu Hause weg, was Ihre Beziehung stark belastet. Manchen Menschen macht dies nichts aus oder nehmen es in Kauf dafür, dass sie dadurch ein höheres gemeinsames Einkommen erzielen. Anderen wiederum kann dies eine Beziehung kaputt machen.

Auch hier hat jeder seine eigene Vorstellung.

Wichtig ist, dass Sie für sich wissen, was Sie wollen und dies in Ihrem Unterbewußtsein verankern.

Sie können in Ihrer Zielliste bzw. Wunschliste Ihre Vorstellung dessen mit aufnehmen, was Sie sich in beruflicher Hinsicht gerne wünschen.

Sie sollten mit Ihrem Partner über die Situation reden wenn Sie der Meinung sind, dass eine Veränderung nötig ist.

Vielleicht hat auch Ihr Partner das Bedürfnis einer Veränderung und hat nur noch keine Lösung. Gemeinsam finden sie eine Lösung besser als im Alleingang. Drängen Sie nicht auf eine Veränderung sondern sprechen Sie Ihre Wünsche aus, dass Sie mehr mit Ihrem Partner gemeinsam unternehmen möchten.

Sie und Ihr Partner müssen sich wohl fühlen. Der Job sollte jedem Spaß machen was ich in meinem Buch aus dieser Serie „Liebes Universum" mit dem Titel „Meine Arbeit soll Spaß machen" ausführlich erkläre.

Nun, Sie können, wenn Sie eine berufliche Veränderung anstreben, auch diesen Wunsch mit auf Ihre Zielliste setzen. Sollte Ihr Partner mehr verdienen, mehr Freizeit haben oder was auch immer? Für das Universum ist Ihr Wunsch ein Befehl, der erfüllt werden kann. Es gibt viele Möglichkeiten.

Nicht jeder wünscht sich einen Partner der viel Geld hat. Ich z.B. habe mir in meinen Gedanken genau das Gegenteil gewünscht, weil ich nicht von meiner Partnerin abhängig sein wollte.

So hat jeder seine Wunschvorstellung und zieht magisch das an, was er durch seine Gedanken im Unterbewußtsein als Wünsche im Universum bestellt.

Glauben Sie an diesen Hokuspokus? Egal, ob Sie daran glauben oder nicht, es wird geschehen. Wenn Sie nicht daran glauben, wird auch dies geschehen und Sie werden genau das Gegenteil anziehen, denn dann ist ja Ihr Glauben darauf gerichtet, dass sich keine Veränderung einstellen wird. Und schon hat sich unser Wunsch wieder erfüllt.

Gigantisch, nicht wahr.

Auch hier kann ich Ihnen nur empfehlen, dass Sie über alle Menschen, egal welchen Beruf sie ausüben, positiv denken. Wenn wir zuviel über Berufe, welche uns nicht zusagen oder über Arbeitslose und Sozialfälle lästern, werden diese Teil unserer Gedanken und das Universum bringt uns dieses Schicksal vielleicht selbst immer näher. Diese Menschen bedürfen unserer Hilfe und sollten von uns unterstützt werden. Helfen Sie, indem Sie diesen Menschen wie ich näher bringen, dass sie durch positives Denken auch Ihr Leben verbessern können. Aus eigener Erfahrung weiß ich, dass Menschen, welche eine schwere Zeit hinter sich haben, nur schwer an eine glückliche Zukunft glauben können und dass wir mit unseren positiven Worten oft gegen eine Wand laufen.

Wenn diese Menschen jedoch erst einmal die ersten positiven Erfahrungen durch positives Denken und Handeln gemacht haben, dann sind diese Menschen sogar offener und empfänglicher für unsere Hilfe.

Menschen mit schlechten Erfahrungen haben oft auch ein gutes Herz. Sie sind Hilfsbereit und geben oft ihr letztes Hemd für Jemand der friert.

Akzeptieren Sie andere Menschen und deren Berufe so wie sie sind. Lieben Sie Ihren Beruf und freuen Sie sich auf Ihren Partner, der beruflich so sein wird, wie Sie es sich wünschen.

„Jeder hat seine Berufung. Auch Sie und Ihr Partner."

Manfred Bogenschütz

5.5   *Das Zusammenleben*

Manche von uns wünschen sich eine Partnerschaft auf Distanz. Sie wollen einen Partner aber doch soll jeder seine eigenen vier Wände haben.

Andere wünschen sich eine Partnerschaft in einer gemeinsamen Wohnung, einem Haus oder einer Villa.

Wie Sie sich Ihr Leben vorstellen unterliegt Ihrem freien Willen.

Sind Sie bereits so glücklich wie die Situation gerade ist oder wünschen Sie sich eine Veränderung?

Und was wünscht sich Ihr Partner?

Damit das Universum Ihnen auch in Beziehung zu Ihren gemeinsamen Vorstellung des Zusammenlebens hilfsbereit zur Seite stehen kann, sollte Ihr Unterbewußtsein wissen, was Sie sich vorstellen. Aber wie machen wir das?

Denken Sie nie negativ über das Zusammenleben Anderer wenn dies nicht Ihrer Vorstellung von Partnerschaft entspricht. Sie wissen, jeder hat andere Vorstellungen und für jeden ist seine Vorstellung dessen am Richtigsten. Lassen Sie andere so leben wie sie es sich wünschen.

Denken Sie möglichst an Paare, die so zusammenleben wie Sie es sich wünschen. Senden Sie diesen Paaren gedanklich, vielleicht bei Ihren Meditationen, Liebe und Dankbarkeit, Freude und Glück.

Durch solche Gedanken verankern Sie in Ihrem Herzen tief in Ihrem Unterbewußtsein ein nach Ihren Wünschen und Vorstellungen erfülltes Zusammenleben. Dies wird dann automatisch als Wunsch ins Universum gesendet und bei Ihrer Liebesbeziehung verwirklicht.

Sie können sich auch Details Ihrer gewünschten Wohnverhältnisse vorstellen. Diese Details stellen Sie sich dann am besten so vor, als wären sie bereits Realität. Vielleicht ein gemütliches Zusammensein mit Ihrem Partner auf dem gemeinsamen Sofa am offenen Kamin. Vielleicht aber auch etwas ganz anderes. Ganz nach Ihrem freien Willen.

Vielleicht wünschen Sie sich auch Haustiere. Binden Sie auch Diese in Ihre Gedanken ein. Wenn Sie Ihrem Unterbewußtsein Haustiere als liebevolle Mitbewohner zu Ihrem glücklichen Zusammensein beifügen, dann wird auch Ihr Partner eher offen für Haustiere sein.

Bringen Sie Ihre negativen Gedanken aus sich heraus. Sie haben keine negativen Gedanken? Das kann ich kaum glauben.

Wir Menschen sind prädestiniert für schlechte Gedanken. Aber ich bin guter Hoffnung dass sich dies in den nächsten Jahren ändert. Wir haben das Paradies auf dieser Erde und ich wünsche mir, dass viele Menschen dies erkennen, mit oder ohne meine Hilfe.

Ich beschäftige mich seit vielen Jahren mit dem Thema und trotzdem kommen auch mir noch hin und wieder negative Gedanken. Aber wir sind gemeinsam auf dem besten Weg.

Ich wünsche Ihnen jedenfalls alles Gute für Ihre Partnerschaft und freue mich mit Ihnen auf ein Zusammenleben mit Ihrem Partner, so wie Sie es sich vorstellen.

„Es gibt kein Falsch oder Richtig, Gut oder Schlecht. Was Einer für schlecht ansieht ist für denjenigen der es tut, wahrscheinlich gut. Warum sollte er es sonst tun? Machen Sie Fehler, Schlechtes und Falsches bewußt? Jeder hat seine Wahrheit."

Manfred Bogenschütz

5.6 Ehe und Kinder

Wünschen Sie sich eine Hochzeit oder wünschen sich eher eine Zweisamkeit ohne Trauschein?

Wollen Sie Kinder? Hat Ihr Partner Kinder mit in Ihre Beziehung eingebracht? Haben Sie bereits Kinder aus alten Beziehungen und sollte deshalb Ihr Partner Ihre Kinder akzeptieren und lieben?

Was möchte Ihr Partner? Reden Sie über Ihre Bedürfnisse.

Stellen Sie sich gedanklich ein Leben mit Ihrem Partner so vor, wie Sie es sich gerne wünschen.

Wenn Sie gerne heiraten würden, dann stellen Sie sich gedanklich die Hochzeitszeremonie in der Kirche und beim anschließenden Fest vor. Tragen Ihre Kinder die Hochzeitsblumen? Ihrer Fantasie sind keine Grenzen gesetzt.

Sind Sie bzw. Ihre Partnerin gedanklich Schwanger und freuen Sie sich gemeinsam auf Ihr Baby? Malen Sie sich aus wie schön es sein wird, so wie Sie es sich gerne wünschen.

Sie wollen weder heiraten noch Kinder? Dann freuen Sie sich über Partnerschaften in Ihrem Umfeld, die so glücklich sind, wie sie es gerne sein wollen.

Das Universum hat viele Möglichkeiten, Ihre Wünsche zu erfüllen.

Vertrauen Sie auf Ihren Glauben.

Wenn Sie vielleicht schon Kinder haben und sich keine weiteren Kinder wünschen, gibt es viele Möglichkeiten, wie Sie dies verhindern können. Sind Sie vorsichtig mit endgültigen Entscheidungen wie Sterilisation und Vasektomierung. Ich kenne Menschen, welche sich solchen Eingriffen unterzogen haben und später doch noch Kinder wollten, weil Sie sich vielleicht irgendwann trennten und der neue Partner Kinder wollte und sie den Wunsch des neuen Partners gerne erfüllen wollten. Ein späteres Rückgängig machen ist meist sehr schwierig bis unmöglich.

Wenn Sie einen solchen Schritt wagen, müssen Sie für sich selbst ganz sicher sein, dass Sie auf keinen Fall mehr Kinder wollen.

Wir wissen alle, dass jeder andere Wünsche hat. Was Sie sich wünschen wissen nur Sie selbst am besten. Lassen Sie die Meinung anderer und akzeptieren Sie deren Wünsche. Wenn Sie selbst keine Kinder bekommen können akzeptieren Sie auch dies vorbehaltlos. Vielleicht ist es einfach Ihre Berufung, keine Kinder zu bekommen. Niemand kennt wohl seinen Lebensplan, den wir uns selbst für unser Leben ausgesucht haben, bevor wir auf der Erde unser irdisches Leben begannen.

Stellen Sie sich gedanklich ein Leben mit Ihrem Partner so vor, wie Sie es gerne erleben würden. Am besten natürlich so, als ob es bereits so wäre.

Eine Hochzeit oder Kinder sind für eine momentan defekte Beziehung keine Lösung. Erst sollte die Beziehung zwischen den Partnern harmonieren.

Wenn die Beziehung harmoniert sind auch Ehe und Kinder eher vom Partner erwünscht, falls dem momentan noch nicht so sein sollte.

„Harmonie und Glück beginnt in unseren Gedanken. Ehe und Kinder sind für die Einen Vollkommenheit für Andere eine Horrorvorstellung. Gehen Sie Ihren Weg denn dieser Weg ist der Richtige für Sie. Entscheiden Sie sich gemeinsam mit Ihrem Partner für Ihr gemeinsames Leben."

Manfred Bogenschütz

5.7 Finanzen – Macht Geld glücklich?

Sicher haben Sie über Geld eine eigene Meinung. Wir benötigen Geld um uns zu leisten, was wir brauchen. Ohne Geld kommen wir auf der Erde nicht weit. Geld macht weder glücklich noch unglücklich. Geld hat mit Glück nichts zu tun. Jeder definiert auch Glück anders. Der Eine ist glücklich wenn er sich sein erstes Auto, vielleicht ein altes Fahrzeug, kaufen kann. Der Andere ist glücklich, wenn er das Ticket für die Busfahrt bekommt, wieder ein Anderer ist glücklich, wenn er seinen zweiten Porsche fährt. Es gibt auch Menschen, welche auf der Straße sitzen und glücklich über eine Spende für eine Zigarette sind.

Was benötigen Sie um glücklich zu sein? Gehören finanzielle Dinge dazu? Dann lassen Sie Ihr Unterbewußtsein wissen, was Sie sich wünschen.

Nicht jeder hat den Wunsch, einen reichen Partner zu haben. Ich habe Ihnen bereits gesagt, dass für mich das Gegenteil zutrifft. Ich möchte nicht in Abhängigkeit leben oder mir zumindest so vorkommen.

Denken Sie sich Ihren Partner bzw. Ihre gemeinsamen Finanzen so, wie Sie es sich wünschen.

Akzeptieren Sie andere Menschen so wie sie sind und vermeiden Sie Neid, Gier und was es sonst noch so Negatives gibt. Sie wissen ja, wir bekommen geballt das zurück was wir aussenden.

Gönnen Sie jedem seinen Erfolg und lieben Sie arme genau so wie reiche Menschen.

Stellen Sie sich vor, was Sie zusammen mit Ihrem Partner unternehmen. Ihre Vorstellung ihrer gemeinsamen Finanzen legt dabei den Grundstein für Ihre Gedanken dazu. Wenn Sie sich keinen Reichtum wünschen, dann werden Sie sicher nicht vom Traumurlaub in der Karibik denken sondern z.B. an eine Zweisamkeit im Park nebenan. Wenn Sie sich Reichtum wünschen, dann dürfen Sie sich jedoch jeden erdenklichen Traumurlaub vorstellen, die Fahrt in Ihrem Traumauto, die Romantik im eigenen Heim. Auch hier sind Ihren Vorstellungen keine Grenzen gesetzt. Die Grenzen setzen Sie sich selbst.

Lassen Sie los von Ihren Gedanken und freuen Sie sich auf ein glückliches Leben mit Ihrem Partner. Akzeptieren Sie Ihre finanzielle Situation wie sie gerade ist. Weder Gier noch Neid bringt Sie Ihren Zielen näher sondern die Liebe und Dankbarkeit in Ihrem Herzen und Ihre innere Göttlichkeit, die in jedem von uns inne wohnt.

Können Sie sich alles leisten was Sie sich wünschen? Die Antwort sollte „Ja" sein, auch wenn dem noch nicht so sein sollte. Wenn Sie an sich selbst glauben dann hat es das Universum leichter, Ihnen Ihre Wünsche zu erfüllen.

Sie fragen sich vielleicht, wie kann ich mich reich und glücklich fühlen, wenn dem nicht so ist. Eine Pflanze kann nur so gut gedeihen wie das Korn aus dem es wächst.

So verhält es sich auch mit unserem Leben, unserer Liebe und allem was mit uns geschieht. Nur was wir uns vorstellen können kann sich auch erfüllen. Jede Erfindung basiert auf dieser Tatsache. Viele Menschen erklären Sie für verrückt, wenn Sie eine Idee haben, welche noch nicht realisiert wurde. Wer hätte im Jahre 1800 geglaubt, dass wir mit elektrischem Strom Tageslicht erzeugen und kochen oder gar unsere Wohnung mit Strom, Gas oder Heizöl beheizen? Oder dass wir mit motorisierten Fahrzeugen fahren? All die Erfinder solcher Techniken wurden zu Beginn Ihrer Idee belächelt. Ihre Gedanken haben sich aber erfüllt, sonst würden wir dies alles nicht erleben. Glauben Sie also an die Erfüllung Ihrer Träume.

"Geld macht nicht glücklich, aber auch nicht unglücklich? Geld ist ein Tauschmittel. Wer es hat und ausgibt bekommt eine Gegenleistung."

Manfred Bogenschuetz

5.8 *Zusammenfassung des fünften Kapitels*

In diesem Kapitel haben wir unsere Wünsche und unsere Vorstellung unserer Partnerschaft definiert, um unserem Unterbewußtsein klar zu machen, was wir wollen damit diese Wünsche vom Universum erkannt und erfüllt werden können.

Die Eigenschaften, Interessen, Hobbies sowie der Beruf von Ihnen und Ihres Partners haben Sie sich nun so in Ihrem Unterbewußtsein verankert, wie Sie es sich wünschen. Auch über Ihr Zusammenleben, ob Sie heiraten wollen und ob Sie sich Kinder wünschen, haben Sie sich Gedanken gemacht. Nicht zuletzt haben Sie sich über die finanzielle Situation, wie Sie gerne leben möchten und wie Sie mit Ihrem Partner finanziell aufgestellt sein wollen, positive Gedanken gemacht.

Sicher haben wir noch das eine oder andere vergessen. Was wünschen Sie sich noch von Ihrem Partner bzw. von Ihrem gemeinsamen Leben?

Dazu haben Sie nun noch die Gelegenheit, sich detaillierte Gedanken zu machen. Lassen Sie Ihrer Fantasie freien Lauf.

Wie Sie eine Verbesserung Ihrer Beziehung im Universum bestellen und wie Sie diese realisieren, das erfahren wir im nächsten Kapitel.

"Achten Sie auf Ihre Gedanken denn es könnte passieren, dass sie sich als Wünsche erfüllen. Jede Erfindung basiert auf einer Idee im Kopf eines Menschen."

Manfred Bogenschuetz

Bild 6:   Meditation in den Bergen

"Meditieren Sie.
Nehmen Sie Verbindung mit
dem Universum auf."

Manfred Bogenschuetz

6 Die Veränderung meiner Beziehung

Sie haben sich nun vorbereitet indem Sie Ihrem Unterbewußtsein verständlich gemacht haben, wie Sie Ihr künftiges Leben mit Ihrem Partner verbringen möchten.

Sie haben sich auch frei gemacht von negativen Gedanken und senden Liebe und Dankbarkeit für und an alles dieser Welt.

Niemand kann Ihnen eine Garantie für das Gelingen einer Veränderung Ihrer Partnerschaft geben, weder ich noch sonst jemand.

Es liegt an jedem selbst ob er an sich selbst und seine eigene innere Göttlichkeit glaubt oder nicht.

Wenn Sie sagen, dass dies alles Hokuspokus und Unsinn ist, auch dann wird sich Ihr Glaube verwirklichen. Dann nämlich gerade so, dass sich nichts einstellen wird. Vertrauen Sie auf sich und auf die Kraft und Macht Ihrer Gedanken.

An dieser Stelle möchte ich wieder einmal kurz auf Jesus Christus eingehen. Er hat uns gelehrt, dass wir alle Brüder und Schwestern sind, dass wir alle Eins sind und wir alle die gleichen Fähigkeiten haben wie er sie hat. Aber die Menschen haben dies nicht geglaubt. Er sagte zu den Geheilten *„Dein Glaube hat Dich geheilt"* und zu den Jüngern im Boot, welches im Sturm fast unter ging *„Euer Glaube ist nicht stark genug"*. Wir glauben auch nicht, dass wir über das Wasser laufen können. Haben wir daran geglaubt, dass ein Stahlklotz einmal fliegen könnte? Unsere Flugzeuge sind der Beweis. Wir suchen immer nach Beweisen wenn wir uns etwas nicht vorstellen können. Erst wenn wir das Unmögliche sehen, glauben wir an die Möglichkeiten.

Auch wenn Sie noch nicht an die Verwirklichung Ihrer Träume glauben, können Sie die Veränderung Ihrer Beziehung ausprobieren. Sie kostet ja nichts. Vielleicht funktioniert sie ja trotzdem und dann haben Sie den ersten Beweis für Ihre Fähigkeiten.

Viel Glück bei der Verbesserung Ihrer Beziehung.

Bevor wir nun Ihren Wunsch ins Universum senden, möchte ich aber noch meine Erfahrungen in Bezug auf Partnerwunscherfüllungen aufzeigen.

Durch das Buch von Barbara Mohr *Der kosmische Bestellservice – Eine Anleitung zur Reaktivierung von Wundern* und durch ähnliche Bücher habe ich gelernt, Bestellungen im Universum aufzugeben. Ich habe viele Bestellungen aufgegeben. Manche wurden bereits erfüllt, andere noch nicht, da ich noch nicht davon loslassen konnte. Große Wünsche sind oft schwer loszulassen. Dies ist aber ein wichtiger Schritt, welcher im Buch von René Egli *Das LOL²A-Prizip – Die Vollkommenheit der Welt* sehr genau beschrieben wird.

Ich habe auch mehrere Anläufe auf der Suche nach einer geeigneten Partnerin für mich gebraucht.

Bild 7:   Glückliches Paar mit Hund

6.1 Partnerwunscherfüllungen des Autors

Meine erste Partnerbestellung war sehr genau formuliert. Ich hatte ja in meiner Ehezeit und früheren Partnerschaften erfahren, wie schlimm es ist, wenn zwei Personen keine gemeinsamen Interessen und Hobbies haben und somit nichts gemeinsames unternehmen können. Auch in sexueller Hinsicht hatte ich viele schlechte Erfahrungen gemacht. Außerdem war es mir wichtig, dass mir meine Partnerin gefällt, und noch vieles mehr. Sie musste viele Eigenschaften aufweisen, welche ich hier nicht im Detail beschreibe.

Ich stellte also meine Vorstellung von meiner idealen Partnerin als Wunsch ins Universum. Tatsächlich hatte meine nächste Freundin genau diese Eigenschaften alle und ich dachte, dass sie meine Traumfrau wäre und wir super zusammenpassen. Nach einer gewissen Zeit stellte sich jedoch heraus, dass viele Eigenschaften, welche ich nicht in meiner Bestellung berücksichtigt hatte, so waren, dass wir uns wieder trennten.

Bei den nächsten Bestellungen habe ich die Eigenschaften, welche mir an den vergangenen Partnerschaften nicht so gut gefallen hatten, natürlich mit aufgenommen und somit wurden meine Partnerschaften immer besser. Aber es kam immer wieder zur Trennung, oft wegen Kleinigkeiten, oder weil meine Eigenschaften den Frauen nicht gepasst haben.

Ich hatte einen entscheidenden Fehler bei meinen Bestellungen gemacht. Die ganzen präzisen Eigenschaften, welche ich mir gewünscht hatte, waren falsch. Ich musste mir ganz einfach eine Partnerin wünschen, die zu mir passt.

Gesagt, getan. Ich wünschte mir eine Partnerin, welche zu mir passt, mehr nicht. Meine Eigenschaften, Interessen und Hobbies kennt das Universum ja.

Dann ging ich wie immer ganz normal aus, meist zum Tanzen, da dies ein Lieblingshobby von mir ist. Ich war meist nicht mit dem Gedanken ausgegangen, dass ich eine optimale Bekanntschaft treffen wollte. Ich wusste ja, dass ich loslassen musste und somit ging ich völlig unbelastet mit einem guten Freund weg.

Eines Abends waren wir in einem Tanzlokal und es waren wenig Besucher da. Ich unterhielt mich mit meinem Freund und dann suchten wir beide eine Tanzpartnerin. Ich ging los und lief durch das ganze Lokal, aber konnte keine Frau finden, welche ich gerne zum tanzen aufforderte. Mein Freund tanzte mittlerweile schon, als ich bereits auf dem Rückweg zur Bar-Theke war, wo wir unseren Sitzplatz hatten. Plötzlich entdeckte ich doch noch eine Frau, welche einen traurigen Blick hatte. Ich forderte sie zum Tanz auf und wir tanzten. Im Gespräch entdeckte ich, dass sie alle Eigenschaften, welche ich mir früher gewünscht hatte, aufwies. Zusätzliche Eigenschaften, die ich oft hörte oder zum Beispiel aus Horoskopen las, dass sie zu mir passen würden, ich mir aber nie explizit gewünscht hatte, stellten sich ebenfalls heraus. Dann stellte ich ihr noch ein paar Fragen und verblüffend waren alle Antworten so, wie ich sie mir gewünscht hatte.

Ein Beispiel möchte ich hier nennen. Niemand würde sich eine Frau mit finanziellen Problemen aus ihrer Vergangenheit wünschen. Habe ich auch nicht getan. Aber ich habe mir immer gedacht, dass ich keine Frau habe will, welche mehr Geld hat als ich, da ich mich sonst schlecht fühlen würde. Und wenn ich mich selbst nach meinen Zahlungsverpflichtungen aus Ehezeit erst gerade wieder erholte und von Null anfing, was war dann für eine Frau möglich, die diesen Gedanken vom Universum als Wunsch erfüllen konnte? Eine Frau mit Schulden und Problemen, jedenfalls noch mehr als ich sie hatte. Wir sind nun zwei Jahre zusammen und sehr glücklich und jeder Tag bringt neue Gemeinsamkeiten auf den Tisch.

Die Bestellung „Eine zu mir passende Frau" war ein Volltreffer. Gemeinsam schaffen wir ein Problem nach dem Anderen aus der Welt und wir sind auf dem richtigen Weg in ein „Glückliches Leben im Paradies Erde".

Fazit: Wenn Sie Bestellungen im Universum aufgeben, dürfen Sie sich nicht mit Details befassen. Überlegen Sie sich genau, was Sie sich wünschen, denn es trifft so ein, wie Sie es sich wünschen, nicht mehr und nicht weniger.

Sie Fragen sich vielleicht, warum habe ich meine alten Beziehungen nicht durch Bestellung im Universum verbessert? Da war ich noch nicht so weit. Ich habe zwar schon über die Bestellungen im Universum gewusst aber es in diesen Beziehungen nicht ausprobiert.

Wie Sie wissen, bin ich erst 2005 so richtig aufgewacht, was diese Bestellungen angeht. Dann habe ich Melitta kennengelernt und es klappt hervorragend mit uns. Wir haben sicher auch Probleme, aber diese fallen uns gar nicht so sehr auf, da wir sie umgehend durch positives Denken lösen. Wir merken auch genau, wenn uns etwas am anderen nicht so gefällt und wir uns darüber ärgern, dann verstärkt sich die Situation. Dadurch dass wir aber über die Kenntnis von Aktion = Reaktion usw. verfügen, verändern wir solche Situationen stets ins Positive, so wie in diesem Buch beschrieben.

Wir sind nun mehr als zwei Jahre fast Rund um die Uhr zusammen. Zwei Jahre sind zwar im Gegensatz zu einer Goldenen Hochzeit, welche sowohl meine Eltern als auch die Eltern von Melitta bereits hinter sich haben, wenig, aber wir sind immer noch glücklich und verliebt wie am ersten Tag.

6.2   Mein Wunsch ans Universum

Sie haben in den vorherigen Kapiteln Ihrem Unterbewußtsein klar gemacht was Sie sich alles in einer glücklichen Partnerschaft wünschen.

Negative Gedanken und Nörgeleien an Dingen, welche Ihnen bisher nicht gefielen, haben Sie abgelegt. Sie denken nur noch positiv über andere Menschen und Paare.

Dann können wir uns nun getrost der Partnerwunscherfüllung für Sie widmen.

Vorbereitung

Nehmen Sie Ihre persönliche Wohlfühlhaltung ein. Ob im Sitzen oder im Liegen hängt davon ab, wo Sie sich gerade befinden und wie Sie sich besser entspannen können, ohne dabei einzuschlafen.

Entspannungsmusik oder eine Musik, welche Sie mit Liebe verbindet, kann Ihre Partnerbestellung positiv unterstützen.

Atmen Sie tief in Ihren ganzen Körper. Dabei sagen Sie, mit Worten oder in Gedanken: *„Ich bin ruhig, mein ganzer Körper ist ruhig"*. Sie können auch ähnliche Sätze verwenden, welche Sie für Ihre persönliche Entspannung bevorzugen.

Machen Sie diese Atemübung solange, bis Sie merken, dass Sie in eine tiefere Ebene geraten, ich nenne es den Alphazustand. Um dies zu erreichen, können Sie zum Beispiel auch von Hundert auf Null zählen und sich dabei immer wieder sagen *„Ich gehe in den Alphazustand,"* und bei Null angekommen *„Ich bin im Alphazustand"*. Je öfter Sie solche Meditationsübungen machen, reicht es mit immer kürzeren Zählphasen, so dass Sie vielleicht nur noch von Fünf auf Null zählen müssen, um den Alphazustand zu erreichen. Das Zählen ist aber nicht dringend erforderlich, es kann Sie nur unterstützen, in den Alphazustand zu kommen. Diese Übung können Sie auch für andere Wunscherfüllungen durchführen.

Partnerbestellung

Versetzen Sie sich in den Alphazustand.

Sie atmen tief in jeden Teil Ihres ganzen Körpers. In die Arme, Hände und bis in die Fingerspitzen. In den Bauch, die Geschlechtsorgane, die Beine, Waden, Füße bis zu den Zehenspitzen. Ins Herz, die Stirn und bis über den Kopf.

Sagen Sie dabei: *„Ich bin ruhig. Mein ganzer Körper ist ruhig und völlig entspannt."* Wiederholen Sie diesen Satz solange, bis Sie sich völlig entspannt fühlen.

Wenn Sie noch keine völlige Entspannung erreicht und Sie noch nicht merken, dass Sie eine tiefere Ebene erreicht haben, dann zählen Sie wie oben beschrieben von irgendeiner beliebigen Zahl zurück auf Null.

Nachdem Sie im Alphazustand angekommen sind, senden Sie Ihren Wunsch ins Universum.

Sagen Sie dann *„Mein Partner passt zu mir. Ich liebe meinen Partner und mein Partner liebt mich. Wir freuen uns über jeden neuen Tag. Ich danke meinem Partner für seine Liebe. Wir passen super zusammen. Danke Universum. Danke Gott."*

Auch hier können Sie sagen, was immer Ihr Bauchgefühl für richtig befindet. Sagen Sie aber nie, dass der Wunsch irgendwann in der Zukunft eintreffen soll. Die Zukunft kann noch weit in der Ferne liegen. Heute ist ihr bester Tag. Morgen kommt nie. Morgen ist Morgen wieder erst Morgen.

Bestellen Sie sich bei einer Partnerbestellung keine Einzelheiten, wie Ihr Partner aussehen soll, welche Eigenschaften er haben soll usw. Diese Einzelheiten würde er zwar sicher erfüllen, aber er würde trotzdem aus irgendwelchen andern Gründen nicht zu Ihnen passen. Ihr Unterbewusstsein weiß bereits, was Sie mögen und was nicht, das haben wir ja in den bisherigen Kapitel gelernt und umgesetzt. Also genügt ein passender Partner völlig.

Abschluss der Partnerbestellung

Zum Schluss jeder Bestellung müssen Sie langsam wieder zurück in die Realität kommen. Wenn Sie sich in den Alphazustand versetzt haben, dann zählen Sie nun wieder von Null bis Fünf und sagen Sie dann *Ich verlasse nun den Alphazustand wieder"*. Dann strecken Sie sich und bewegen Sie langsam wieder ihren ganzen Körper. Die Partnerbestellung ist zu Ende.

Gehen Sie nun unbeschwert den Dingen nach welche Ihnen Spaß machen. Ihr Wunsch wird sich am schnellsten erfüllen, wenn Sie losgelassen haben und frei von jeglichen Zwängen sind. Gerne dürfen Sie liebevoll auf Ihren Partner zugehen. Aktion = Reaktion. Sie dürfen nicht egoistisch denken und sich einreden, *„ich habe mit meinem Wunsch nun mein möglichstes getan, jetzt soll er den nächsten Schritt machen"*. Liebe beruht auf Gegenseitigkeit und dabei heißt die Devise geben, geben und immer wieder geben. Viele Menschen wollen erst nehmen bevor sie geben, aber erhalten wir nicht überall unseren Lohn erst wenn wir etwas dafür tun? Gehen Sie mal auf eine Bank und sagen dem Bankangestellten, wenn ich jetzt 1 Million abheben darf dann eröffne ich vielleicht ein Konto und bezahle auch etwas ein. Werden Sie das Geld bekommen bevor Sie es geben?

7 Wie kommt nun das Glück in unser Heim?

"Ich bin gekommen, um Feuer auf die Erde zu werfen. Wie froh wäre ich, es würde schon brennen. […] Meint ihr, ich sei gekommen, um Frieden auf die Erde zu bringen? Nein, ich sage euch, nicht Frieden, sondern Spaltung. Denn von nun an wird es so sein: Wenn fünf Menschen im gleichen Haus leben wird Zwietracht herrschen: Drei werden gegen zwei stehen und zwei gegen drei, der Sohn gegen den Vater, die Mutter gegen die Tochter …"

Lukas 12:49-53; vgl. Matthäus 10:34-35, Johannes 15:6

Bild 8:   Das Glück zu Zweit auf der Gartenschaukel genießen

„Jesus hat uns bereits vor 2000 Jahren die Probleme in unseren Familien vorausgesagt. Wollen wir nicht wie er leben?"

Manfred Bogenschuetz

7.1   *Was ist nun zu tun?*

Nehmen Sie Ihr Glück in die Hand. Geben, geben, geben. Sie werden sicher auch etwas zurück bekommen.

Reden Sie mit Ihrem Partner über Ihre Probleme.

Seien Sie so wie Sie sind. Verstellen und verkünsteln Sie sich nicht. Das würde Sie eher unsympathisch machen. Wer Sie nicht so mag, wie Sie sind ist nicht der passende Partner für Sie. Wir wissen aber, dass Ihr Partner Sie einst so geliebt hat, wie Sie waren und auch dass Sie ihn so geliebt haben wie er war. Sonst hätten Sie sich nie gefunden. Warum soll dies nicht wieder und für immer so sein?

Gehen Sie mit Ihrem Partner tanzen wenn Sie beide gerne tanzen. Gehen Sie zum Tennis wenn Sie leidenschaftliche Tennisspieler sind. Gehen Sie in eine Kneipe wenn Sie gerne gemeinsam am Stammtisch sitzen. Aber tun Sie all das nicht, wenn Sie sich nicht Beide damit identifizieren können. Wenn Sie all dies nur tun, weil Sie Ihrem Partner imponieren möchten, tun Sie dies nur für bestimmte Zeit und die Probleme beginnen wieder von vorne.

Wenn Sie bisher keine gemeinsamen Hobbies hatten und vielleicht selten außer Haus gingen, dann können Sie sich Gedanken machen, was Sie gerne gemeinsam tun würden. Warum nicht ein neues, gemeinsames Hobby kennenlernen. Dem ist nichts einzuwenden, wenn es Beide gerne ausprobieren möchten. Es sollte aber Ihre eigene Entscheidung von Herzen sein und nicht weil Sie denken, dass Andere es von Ihnen erwarten.

Ich hatte schon Freundinnen, welche keinen Sinn für tanzen hatten. Weil sie dachten es würde mich freuen, wollten sie das Tanzen erlernen. Das macht überhaupt keinen Sinn wenn sie es nicht für sich sondern nur für mich machen. Sie würden es nie mit Herz machen und somit würden sie nie so tanzen, wie ich es gern habe. Wenn ich dann immer wieder mal mit jemand tanzen würde, der richtig Spaß am Tanzen hat und es auch dadurch besser kann, dann würden sie nur unnötig eifersüchtig sein. Es sollte der Wunsch von Beiden sein.

Also machen Sie sich nichts vor. Belügen Sie sich nicht selbst. Genießen Sie Ihr Leben und üben Sie sich in Geduld, am besten Sie denken erst gar nicht mehr daran, dass Sie je Probleme in Ihrer Partnerschaft hatten.

Sie sollten in Ihrem eigenen Interesse nicht mehr über alte Kamellen diskutieren sondern nur noch nach vorne schauen.

Das Leben ist zu kostbar um sich mit Partnerschaftsproblemen herum zu schlagen.

Freuen Sie sich mit und für alle Menschen, Tiere und Pflanzen und vor allem erfreuen Sie sich für jeden neuen Tag, den Gott uns schenkt. Leben Sie Ihr Leben und Ihre Wünsche werden in Erfüllung gehen.

„Eine Garantie gibt es für Artikel, welche Sie erwerben. So garantiere ich dafür, dass dieses Buch nach meinen Erfahrungen geschrieben und zum lesen ist.

Der Verlag garantiert für ordentliche Verarbeitung.

Was Sie mit dem Inhalt dieses Buches machen, wie Sie Ihren freien Willen einsetzen und was Sie durch Ihre Gedanken verursachen, dafür kann Ihnen niemand eine Garantie geben."

Manfred Bogenschütz

8 Zusammenfassung und Kernaussage

Dieses Buch kann Ihr Leben positiv verändern. Es kann Ihnen einen Weg in eine glückliche Lebensgemeinschaft aufzeigen aber es kann Ihnen Ihren freien Willen, was Sie tun und lassen, nicht abnehmen.

Sicher gibt es noch unzählige andere Wege in eine glückliche Zweisamkeit. Die hier beschriebenen Einzelheiten basieren auf den Erfahrungen des Autors und sind sicher nicht Allwissend und Alleingültig.

Mit der Kraft Ihrer Gedanken können Sie sich ein glückliches Leben erschaffen. Alles, was Sie in Ihrem Leben bisher erlebt und erschaffen haben, verdanken Sie Ihren positiven sowie negativen Gedanken.

Wir alle werden vorurteilslos geboren. Bereits in unserer Kindheit wurden die Meisten von uns durch negative Suggestionen negativ beeinflusst. Wenn erst einmal negative Gedanken in uns erschaffen sind, erleben wir die ersten negativen Erlebnisse und unsere negativen Gedanken verstärken sich immer mehr. Natürlich haben wir auch positive Gedanken. Wir verlieben uns und Liebe als wichtigstes Element in unserem geistigen Unterbewusstsein ermöglichen uns positive Veränderungen.

Die Erde ist ein Paradies. Alles was wir benötigen, gibt es in Hülle und Fülle. Schauen Sie sich die Natur an. Welche Pracht stellen die Pflanzen und Tiere in unserer Natur da? Sie kennen keine negativen Gedanken. Gott kleidet und ernährt Sie mit allem, was sie brauchen.

Wenn wir uns ein positives, glückliches Leben im Paradies Erde wünschen, müssen wir wie unsere Kinder in unseren ursprünglichen Zustand zurück. Wir müssen unsere negativen Gedanken aus unserem Gedächtnis verbannen und nur noch positiv Denken und Handeln.

All unsere Gedanken werden vom Universum aufgenommen und als Wünsche für uns realisiert. Dies stellt ein Naturgesetz dar. Wir können dieses Naturgesetz Aktion = Reaktion nennen. Es bedeutet, dass alles, was wir tun oder mit unseren Gedanken aussenden, auf uns zurückkommt. Wir können es auch das Gesetz der Anziehung, vergleichbar mit dem Gesetz der Resonanz, nennen. Es besagt, dass wir alles magisch anziehen, was wir aussenden. Beides hat dieselbe Aussage bzw. Wirkung.

Ob ein allgemeines glückliches Leben oder wie hier in diesem Buch eine glückliche Beziehung mit unserem Partner angestrebt wird, spielt keine Rolle. Alles beginnt mit unseren Gedanken.

Meine Erfahrungsberichte zeigen, wie sich bei mir negative und positive Gedanken erfüllt haben. Dadurch, dass ich mich erst seit ein paar Jahren intensiv mit dem Thema *„Die Macht unserer Gedanken"* befasse und danach lebe, kann ich selbst erst von meinen kleinen Wundern sprechen. In meinem Buch „Glücklich Leben im Paradies Erde", welches bereits hundertfach verkauft wurde und wofür ich viele positive Rückmeldungen erhalten habe, können Sie viele meiner Erfahrungen für alle möglichen Lebenslagen nachlesen.

Einige meiner Erfahrungen liegen weit in der Vergangenheit. Um diese als kleine Wunder zu erkennen, musste ich auch erst die Gesetzmäßigkeiten, welche ich in diesem Buch darstelle, erkennen und erlernen. Erst durch diese Erkenntnis und diesen Lernprozess konnte ich die positiven wie negativen Ereignisse aus meiner Vergangenheit nachvollziehen.

Auf der nächsten Seite habe ich die Kernaussage dieses Buches so aufgeführt, wie Sie diese nutzen können. Diese können Sie ausschneiden bzw. kopieren und für Sie täglich sichtbar an eine Wand hängen. Eine solche Visualisierung, welche Sie täglich positiv beeinflusst, kann ich Ihnen nur wärmstens empfehlen. Sie lenkt Ihre Gedanken von negativem zu positivem Denken.

Visualisieren Sie auf diese Weise auch alle Ihre Wünsche.

"Es ist vollbracht!"

Die letzten Worte Jesus Christus nach Johannes 19,30

Bild 9:　　Tragen Sie Ihren Partner auf Händen bzw. lassen Sie sich tragen

Ich lebe glücklich im Paradies Erde

Aktion = Reaktion
Positives fällt mir zu = Zufall!
Ich ziehe Positives an = Anziehung!
Meine Gedanken sind positiv
Meine Wünsche sind positiv

Ich denke nur noch positiv
Ich Liebe alle und alles
Ich bin dankbar für alles was ich habe und
was ist
Ich bin gesund
Ich liebe den Frieden
Ich habe Glück
Ich bin erfolgreich
Ich lebe im Reichtum, Wohlstand und
Überfluss

Bildverzeichnis

„Die Bilder wurden alle von mir bzw. mit meiner Kamera aufgenommen und von mir bearbeitet."

Manfred Bogenschütz

Literaturverzeichnis und Buchempfehlungen

Arthur Lowell Jay: *Das Geheimnis der Anziehung*
Illustriert von Dorothea Layer-Stahl, VAK Verlags GmbH, 5.Auflage 2003
ISBN: 3-924077-77-0

Buzan Tony: *Speed Reading – Schneller lesen – mehr verstehen – besser behalten*
deutsche Übersetzung, mvg-Verlag, Redline GmbH
ISBN: 978-3-636-06242-0

Egli René: *Das LOL²A-Prizip – Die Vollkommenheit der Welt*
34. Auflage 2006, Editions d'Olt
ISBN: 3-9520606-0-7

Gray John: *Männer sind anders, Frauen auch – Männer sind vom Mars, Frauen von der Venus*
Goldmann
ISBN: 3-442-16107-X

Mohr Barbara: *Der kosmische Bestellservice – Eine Anleitung zur Reaktivierung von Wundern*
4. Auflage 2000, Omega
ISBN: 3-930243-15-6

Pease Allan & Barbara: *Warum Männer nicht zuhören und Frauen schlecht einparken – Ganz natürliche Erklärungen für eigentlich unerklärliche Schwächen*
Ullstein
ISBN: 3-548-35969-8

Pease Allan & Barbara: *Warum Männer lügen und Frauen immer Schuhe kaufen – Ganz natürliche Erklärungen für eigentlich unerklärliche Beziehungen*
Ullstein
ISBN: 3-548-36662-7

Van Helsing Jan: *Hände weg von diesem Buch*
8. Auflage 2006, amadeus-verlag
ISBN: 3-9807106-8-8

Weitere Bücher des Autors

„Diese Bücher können auch Ihr Leben positiv verändern!"

Bogenschütz Manfred,
Glücklich Leben im Paradies Erde

Books on Demand GmbH, Norderstedt, 2008

ISBN 978-3-8370-2575-0, 156 Seiten, Preis: 20,- EUR

Atemberaubende und tatsächlich erlebte Ereignisse des Autors klingen wie Geschichten aus dem Märchenbuch. Übersichtliche und überschaubare Kapitel führen den Leser kurz und bündig in die Materie ein. Dabei werden die physikalischen Naturgesetze von Aktion = Reaktion und der Anziehung, wie unsere Gedanken als Wünsche im Universum erkannt und erfüllt werden, verständlich erklärt.

Durch Erfahrungsberichte wird die Theorie zum Schauplatz der Realität und der Autor stellt dar, wie er sein Leben mit negativen und positiven Ereignissen in ein „Glückliches Leben im Paradies Erde" führte. Durch Übungsbeispiele kann der Leser das erlernte unmittelbar umsetzen.

Bogenschütz Manfred,
Wie finde ich meinen passenden Lebenspartner

Books on Demand GmbH, Norderstedt, 2009

ISBN: 978-3-8370-8784-0, 112 Seiten, Preis: 12,80 EUR

Dieses Buch ist Teil der Buchserie „Liebes Universum" und beschreibt verständlich anhand von Erfahrungen des Autors
„Finde Deinen passenden Lebenspartner"

Erfahrungsberichte zeigen, dass durch die Kraft unserer Gedanken vieles möglich ist, was unerklärlich erscheint. Vergleichbar mit den Naturgesetzen aus der Physik wird erklärt, wie alles was wir aussenden geballt auf uns zurück kommt. So ziehen wir magisch an, was wir uns gedanklich wünschen. Negative Gedanken ziehen negative Ereignisse an, positive Gedanken positive Ereignisse. Wie Sie durch diese Kenntnis, welche in allen Büchern der Serie „Liebes Universum" ausführlich beschrieben ist, auch Ihren passenden Lebenspartner im Universum bestellen können, wird anhand vieler Beispiele und Einzelheiten gezeigt. Ein ganzheitliches glückliches Leben steht dabei im Vordergrund, damit unser Unterbewußtsein uns in allen Lebenslagen hilfreich zur Seite stehen kann.

Bogenschütz Manfred,

Meine Arbeit soll Spaß machen

Books on Demand GmbH, Norderstedt, 2009

ISBN 978-3-8370-8995-0, 112 Seiten, Preis: 12,80 EUR

Dieses Buch ist Teil der Buchserie „Liebes Universum" und beschreibt verständlich anhand von Erfahrungen des Autors

„Finde Deinen Traumjob"

Erfahrungsberichte zeigen, dass durch die Kraft unserer Gedanken vieles möglich ist, was unerklärlich erscheint. Vergleichbar mit den Naturgesetzen aus der Physik wird erklärt, wie alles was wir aussenden geballt auf uns zurück kommt. So ziehen wir magisch an, was wir uns gedanklich wünschen. Negative Gedanken ziehen negative Ereignisse an, positive Gedanken positive Ereignisse. Wie Sie durch diese Kenntnis, welche in allen Büchern der Serie „Liebes Universum" ausführlich beschrieben ist, auch Ihre Freude am Beruf im Universum bestellen können, wird anhand vieler Beispiele und Einzelheiten gezeigt. Ein ganzheitliches glückliches Leben steht dabei im Vordergrund, damit unser Unterbewußtsein uns in allen Lebenslagen hilfreich zur Seite stehen kann.

Bogenschütz Manfred,

Erfülle mir meine Wünsche

Books on Demand GmbH, Norderstedt, 2009

ISBN 978-3-8370-8997-4, 112 Seiten, Preis: 12,80 EUR

Dieses Buch ist Teil der Buchserie „Liebes Universum" und beschreibt verständlich anhand von Erfahrungen des Autors

„Lass Dir Deine Wunsche ertüllen"

Erfahrungsberichte zeigen, dass durch die Kraft unserer Gedanken vieles möglich ist, was unerklärlich erscheint. Vergleichbar mit den Naturgesetzen aus der Physik wird erklärt, wie alles was wir aussenden geballt auf uns zurück kommt. So ziehen wir magisch an, was wir uns gedanklich wünschen. Negative Gedanken ziehen negative Ereignisse an, positive Gedanken positive Ereignisse. Wie Sie durch diese Kenntnis, welche in allen Büchern der Serie „Liebes Universum" ausführlich beschrieben ist, auch Ihre individuellen Wünsche im Universum bestellen können, wird anhand vieler Beispiele und Einzelheiten gezeigt. Ein ganzheitliches glückliches Leben steht dabei im Vordergrund, damit unser Unterbewußtsein uns in allen Lebenslagen hilfreich zur Seite stehen kann.

Bogenschütz Manfred,

Wie denke ich mich Gesund

Books on Demand GmbH, Norderstedt, 2009

ISBN 978-3-8370-8998-1, 112 Seiten, Preis: 12,80 EUR

Dieses Buch ist Teil der Buchserie „Liebes Universum" und beschreibt verständlich anhand von Erfahrungen des Autors

„Denke Dich Gesund"

Erfahrungsberichte zeigen, dass durch die Kraft unserer Gedanken vieles möglich ist, was unerklärlich erscheint. Vergleichbar mit den Naturgesetzen aus der Physik wird erklärt, wie alles was wir aussenden geballt auf uns zurück kommt. So ziehen wir magisch an, was wir uns gedanklich wünschen. Negative Gedanken ziehen negative Ereignisse an, positive Gedanken positive Ereignisse. Wie Sie durch diese Kenntnis, welche in allen Büchern der Serie „Liebes Universum" ausführlich beschrieben ist, auch Ihre Gesundheit bzw. im Universum bestellen können bzw. Ihre Selbstheilungskräfte wecken, wird anhand vieler Beispiele und Einzelheiten gezeigt. Ein ganzheitliches glückliches Leben steht dabei im Vordergrund, damit unser Unterbewußtsein uns in allen Lebenslagen hilfreich zur Seite stehen kann.

Bogenschütz Manfred,

Wie werde ich Reich

Books on Demand GmbH, Norderstedt, 2009

ISBN 978-3-8370-8999-8, 112 Seiten, Preis: 12,80 EUR

Dieses Buch ist Teil der Buchserie „Liebes Universum" und beschreibt verständlich anhand von Erfahrungen des Autors

„Denke Dich Reich"

Erfahrungsberichte zeigen, dass durch die Kraft unserer Gedanken vieles möglich ist, was unerklärlich erscheint. Vergleichbar mit den Naturgesetzen aus der Physik wird erklärt, wie alles was wir aussenden geballt auf uns zurück kommt. So ziehen wir magisch an, was wir uns gedanklich wünschen. Negative Gedanken ziehen negative Ereignisse an, positive Gedanken positive Ereignisse. Wie Sie durch diese Kenntnis, welche in allen Büchern der Serie „Liebes Universum" ausführlich beschrieben ist, auch Ihre finanzielle Verbesserung im Universum bestellen können, wird anhand vieler Beispiele und Einzelheiten gezeigt. Ein ganzheitliches glückliches Leben steht dabei im Vordergrund, damit unser Unterbewußtsein uns in allen Lebenslagen hilfreich zur Seite stehen kann.

Entspannungs-CD's des Autors

CD 1

Autogene Entspannung mit Manfred Bogenschütz

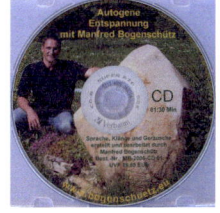

Titel: 1. Autogene Entspannung 61:30 min

Kurzbeschreibung: Autogene Entspannung mit Klangschalenklängen und Sprache des Autors.

Bestell-Nr.: MB-2006-CD-01   Preis: 16,80 EUR

CD 2

Tiefenentspannung am Meer

Titel: 1. Tiefenentspannung am Meer 22:02 min, 2. Hilfe zur Selbstheilung 17:12 min, 3. Chakrenübung 17:53 min, 4. Einschlafentspannung 22:43 min

Kurzbeschreibung: Unterschiedliche Entspannungstitel mit Klangschalenklängen und Sprache des Autors.

Bestell-Nr.: MB-2006-CD-02   Preis: 16,80 EUR

CD 3

Tiefenentspannung

Titel: 1. Auf einer grünen Wiese 23:05 min, 2. Autogene Entspannung (Kurzversion von CD 1) 26:07 min, 3. Wunscherfüllung 20:28 min

Kurzbeschreibung: Unterschiedliche Entspannungstitel mit Klangschalenklängen und Sprache des Autors.

Bestell-Nr.: MB-2006-CD-03   Preis: 16,80 EUR

CD 4

Entspannungs-Begleit-CD zum Buch „Glückliches Leben im Paradies Erde"

Titel: 1. Wunscherfüllung 20:28 min 2. Selbstheilung 17:12 min, 3. Chakrenübung 17:53 min

Kurzbeschreibung: Unterschiedliche Entspannungstitel. Auszüge aus CD 2 und CD 3

Bestell-Nr.: MB-2008-CD-04   Preis: 16,80 EUR

Adresse des Autors und
Bestelladresse für Produkte des Autors

Dipl.-Ing.(FH) Manfred Bogenschütz
Steinenberg 11a
88699 Frickingen
Tel.: +49 (0) 7554 – 9 86 51 63
Fax: +49 (0) 7554 – 9 86 51 64
Email: manfred@bogenschuetz.eu
Homepage: www.bogenschuetz.eu

Bild 10:   Autor dieses Buches, Dipl.-Ing.(FH) Manfred Bogenschütz, Foto: www.rolandhuebler.de